단어가 인격이다

당신의 품격을 좌우하는 단어 활용 기술

단어가 인격이다

배상복 지음

나으세요 낳으세요 주인공 장본인 당사자 파출부 된장녀 안되 다 안 절
된다 안 돼요 가사도우미 못되다 못 되다 부문 부분 껍질 껍데기 일 지
일체 돈지 던지 든가 던가 반증 방증 다르다 틀리다 로서 로써 지 발
양 지향 촌지 뇌물 떡값 커피 나오셨습니다 햇빛 햇볕 햇살 햇 발
조종 조정 식사 진지 밥 터울 개발 계발 욕보다 곤욕 곤혹 곤란 조 우
해후 만남 김치녀 탓 덕분 때문 접수 수여 넘어 너머 쫓다 좇다 술 약주 먹
었다 있다 잇다 여기 여과 완전 엄청 너무 진짜 정말 공항 공황 하열 하 혈 모사 묘
사 줄도 절도 절대 절체 그대 그이 그분 그네 동포 융통성 교포 거주민 교민 영세민
피난민 완전 좋아 이주민 이재민 님 씨 상처 흠 흠집 결점 타 순
서 방법 절차 적극적 진취적 융통성 여유 이해심
닉 모양 동료 친구 동창 단골노래 백수 애창곡 장
만땅 스프링클러 무척 대단히 감각 느낌 인상 기
외양 뇌졸증 체격 능력 재질 재능 슬기 돈 가격
측 의심 가정 가족 친구 맛있게 드세요 애인
장 인수 발부 송년회 품행 일 현상 마음 생각
상 병 선고 언도 재질 재능 염병하네 성질 동
증서 어따대고 질투질이야!

위즈덤하우스

단어의 수준이
말의 수준을 결정한다

J. 레이는 "말은 마음의 초상"이라고 했습니다. 그렇습니다. 말 속에
는 그 사람의 마음이 그대로 담겨 있습니다. 말은 구체적으로 단어
로 표현됩니다. 따라서 어떤 단어를 사용하느냐는 그 사람의 내면
세계, 즉 인격과도 연결됩니다. 내면세계가 거칠다면 그가 사용하
는 단어들이 거세고 험할 수밖에 없습니다. 반대로 그가 온유하고
포용적인 사람이라면 그가 사용하는 단어들도 온화하고 부드러울
것입니다.

  그 사람이 사용하는 단어가 인격을 보여준다고 하면 먼저 욕설
을 떠올리기 쉽습니다. 어떤 사람은 욕이나 비속어를 섞어 가면서
말을 합니다. 그러나 꼭 저속한 말뿐만이 아닙니다. 남의 인격을 무
시하고 모욕하는 말을 내뱉는 사람도 있지만 무의식적으로 남을

차별하고 편견을 드러내는 단어를 사용하는 이도 적지 않습니다. 여성이나 장애인, 특정 직업, 지방, 특별한 처지에 있는 사람 등을 차별하는 단어를 사용하는 사람이 있습니다.

남성 중심적 사고로 여성을 낮게 보는 경향이 있는 사람이라면 무의식중에 그가 사용하는 단어에서도 이러한 요소가 나오게 마련입니다. 굳이 '여성'이란 것을 나타낼 필요가 없음에도 꼬박꼬박 '여'나 '여성'이란 말을 넣어 '여직원'이나 '여성 작가' 등으로 부릅니다. '절름발이', '귀머거리' 등으로 부르면서 장애인에 대해 편견을 드러내기도 합니다. 굳이 지방대라는 것을 밝힐 필요가 없음에도 '지방대 교수', '지방대 학생'이라는 식으로 차별과 편견을 나타내기도 합니다.

직장은 가정만큼이나 중요한 곳입니다. 직장인들은 조직 내에서 여러 사람과 유기적이고도 원활한 관계를 이루어 나가야 합니다. 그러기 위해서는 무엇보다 언어 예절이 중요합니다. 잘못된 호칭과 적절하지 않은 단어를 사용하지 않도록 주의해야 합니다. 윗사람이나 아랫사람에게 적절한 호칭이나 단어를 사용하지 못한다면 직장생활을 원만하게 해 나갈 수 없고 경쟁력을 확보하기 어렵습니다.

특히 윗사람에게 사용하는 단어를 주의해야 합니다. 윗사람에게는 "수고하세요"라는 말을 쓰지 말아야 합니다. 나이 차이가 많이 나는 윗사람이라면 "식사하셨나요"는 "진지 드셨어요", "술 한잔 올리겠습니다"는 "약주 한잔 올리겠습니다"고 하는 것이 좋습니다. 높은 사람에게 자신의 부장을 언급할 때도 조심해야 합니다. 너무 높여도 너무 낮추어도 곤란합니다. 윗사람이라고 해서 아랫사람을 함부로 불러서도 안 됩니다. 아랫사람이 직함이 있음에도 꼬박꼬박 '씨'로 부른다면 부하직원의 직책과 역할을 무시하는 것이 되므로 좋은 상사라고 할 수 없습니다.

자신의 품격을 높이기 위해서는 비슷한 단어도 정확하게 구분할 줄 알아야 합니다. 시상식에서 사회를 보는 사람이 '부문'과 '부분'을 구분하지 못하고 '공로상 부분'이라고 한다면 그의 체면은 구겨질 수밖에 없습니다. '조정'과 '조종' 등도 마찬가지입니다. 정확한 단어를 구사하는 것이 그 사람의 지적 수준과도 연결되므로 상황에 따라 달리 써야 하는 단어들의 차이를 분명하게 알고 있어야 합니다.

우리가 무심코 사용하는 단어 가운데는 무시무시한 의미를 담고 있는 것도 적지 않습니다. 막되 먹은 사람을 가리키는 '망나니'는 사형을 집행하는 사람입니다. 얼마 전 사이다 발언으로 화제가 됐던 "염병하네"라는 말의 '염병'은 장티푸스를 이르는 말입니다. '도무지'는 물에 적신 한지를 얼굴에 발라 숨을 쉬지 못하게 해서 사람을 죽이는 형벌에서 온 말입니다. 평소 많이 쓰이는 말입니다만 이러한 어원을 안다면 차마 입에 담기 어려운 단어입니다.

우리는 휴대전화로 매일 수없이 많은 문자 메시지를 주고받습니다. 이러한 메시지에서 사용하는 단어들도 그 사람의 수준을 그대로 드러내게 마련입니다. 소셜네트워크서비스(SNS)에서 사용하는 단어도 마찬가지입니다. '열라', '절라', '졸라' 등의 비속어와 함께 '여과생활', '공항장애' 등처럼 엉터리 맞춤법을 사용한다면 그 사람의 인격은 손상될 수밖에 없습니다. 받침을 제대로 적지 못하는 것도 마찬가지입니다.

　E. 리스는 "말도 아름다운 꽃처럼 색깔을 지니고 있다"고 했습니다. 그 사람이 사용하는 단어에서는 그 사람의 고유한 색깔이 느껴지고 인격이 그대로 드러나게 마련입니다. 내면이 아름다운 사람이라면 그가 사용하는 단어에서도 아름다운 색깔과 아름다운 향기가 배어 나올 것입니다. 당신은 오늘 문자 메시지에서, SNS에서, 그리고 직장에서 어떠한 단어를 사용하십니까? 단어는 당신의 인격입니다.

2017년 3월
배상복

차례

제3장 어원을 알면 낯이 뜨거워지는 단어

제4장 문자 메시지나 SNS에서 주의해야 하는 단어

제5장 상황에 따라 바꿔 써야 하는 단어

제6장 알아둘수록 품격을 높이는 단어

제1장

당신의 인격을 드러내는 차별적 단어

다양한 사람이 모여 세상을 살아간다. 세상에는 남자도 있고 여자도 있다. 돈이 많은 사람도 있고 그렇지 않은 사람도 있다. 피부색이 다른 사람도 있다. 서울에 사는 이가 있는가 하면 지방에 사는 이도 있다. 좋은 직업을 가지고 있는 사람이 있는가 하면 그렇지 않은 사람도 있다. 온전한 이가 있는가 하면 본의 아니게 장애를 안고 살아가는 사람도 있다.

이들 모두가 우리 사회의 소중한 구성원이다. 모두가 인격이 있고 행복할 권리가 있다. 누구나 차별받지 않고 살아갈 권리가 있다. 모두가 어울려 함께 평등하게 살아갈 때 사회는 더욱 밝고 아름다운 세상이 된다. 하지만 현실은 그렇지 못하다. 알게 모르게 나와 다른 사람을 차별하고 멸시하기도 한다. 그러한 마음가짐은 불현듯 그의 언어에서 드러나게 마련이다. 그가 사용하는 단어를 보면 어떤 생각을 하고 있는지 고스란히 드러나고 그의 인격도 엿볼 수 있다.

여자를 차별하는 '여류 소설가'

독립운동가 권기옥은 삼일운동에 참여하는 등 적극적으로 독립운
동을 펼치다 옥고를 치른다. 이후 중국 상하이로 망명한 그는 그곳
에서 조국의 독립을 위해 활동한다. 그는 특히 어릴 적 꿈이었던 비
행사가 되기 위해 중국 윈난육군항공학교에 들어가 비행술을 익힌
다. 그리하여 마침내 중국 군대에 소속된 비행사가 된다. 1920년대
당시는 남자들도 비행사가 되기 어려웠던 시기인 만큼 여성이 비행
사가 된다는 것은 매우 특별한 일로 여겨졌다. 그는 해방 후 대한민
국 공군 창설에도 이바지해 이후 '공군의 어머니'로도 불렸다.
　최초의 여성 비행사로서 혁혁한 활동을 한 권기옥에게는 '한국

최초의 여류 비행사'라는 이름이 붙었다. 권기옥과 같이 과거 남성들이 주로 하던 일에 여성이 참여하는 경우 '여류(女流)'라는 단어를 붙이기 일쑤였다. '여류 시인 허난설헌', '여류 화가 신사임당', '여류 명창 진채선', '여류작가 김영순' 등에게도 '여류'라는 말을 사용했다. '여류'라는 표현은 요즘도 여성이라는 것을 나타내기 위해 많이 쓰인다. 여류 소설가, 여류 문인, 여류 문학, 여류 바둑기사, 여류 피아니스트 등 어떤 전문적인 일에 능숙한 여자를 이르는 말로 사용된다.

하지만 여류라는 표현에 대해 비판적인 시각이 적지 않다. 비행사가 된 권기옥처럼 남자가 형성한 기존 사회에 여자가 진입하는 것을 특별하고 남다른 일로 바라보는 관점이 담겨 있다고 생각하기 때문이다. 예부터 존재해 온 남존여비 사상이 영향을 미쳤다고 보는 사람도 있다. 조선시대 등 과거 우리 사회는 여성이 나서는 것을 꺼리는 분위기였다.

그러나 시대는 변했다. 여성의 사회진출이 보편화됐다. 여성이 공적·사회적으로 거의 모든 분야에서 남성과 동등하게 활동하고 있다. 다방면에서 남성 못지않게 재능을 겸비하고 특출한 능력을 발휘하는 여성도 적지 않다. 이러한 때 굳이 여성이라는 것을 내세우는 '여류'라는 표현을 사용해야 하는지 의문이 든다. 남류 화가, 남류 문인이란 말이 없는 것을 보면 여류 화가, 여류 문인이 얼마나 차별적인 단어인지 알 수 있다.

물론 말의 전후 사정이나 글의 맥락에 따라 '여류'라는 단어가 차별적 표현으로 쓰였는지에 대한 판단은 다를 수 있다. 그러나 여류라는 말을 아무 생각 없이 또는 습관적으로 사용하는 것은 문제가 있다. '여류'라는 말을 붙인다면 무의식적으로 여성이라는 이미지를 심어주는 것만은 분명하다. 여기에는 여성이 하는 일이 따로 있으며 여성은 힘들고 전문적인 일은 할 수 없다는 사회적 편견이 배어 있는지도 모른다. 구태여 여성이라는 사실을 내세울 필요가 없는 경우에는 '여류'라는 단어를 쓰지 말아야 한다.

총각은 못 나가는
처녀출전

주로 스포츠에서 많이 쓰이는 용어로 '처녀출전'이라는 것이 있다. 처녀출전이 있으면 당연히 총각출전도 있어야 한다. 스포츠는 처녀들만 하는 것이 아니기 때문이다. 총각들도 스포츠를 한다. 그러나 참 희한한 게 총각출전이란 말은 한 번도 들어보지 못했다.

물론 웃자고 한 말이다. '처녀출전'이라는 것이 처녀들이 출전했다고 해서 부르는 말이 아니기 때문이다. 처음으로 출전한 것을 일컫는 말이다. '처녀(處女)'는 원래 결혼하지 않은 성년 여자, 구체적으로는 남자와의 성적 경험이 없는 여자를 가리키는 말이다. 순수하고 깨끗하다는 의미에서 '처녀'란 말이 '처음' 또는 '첫'이라는 뜻으로 '출전'이나 '우승'이란 단어와 결합해 처녀출전·처녀우승이 된 것으로 보인다.

이처럼 '처녀'와 결합한 말로는 처녀작·처녀비행·처녀항해 등 많다. 이런 조어가 만들어진 것은 영어 때문이라고 보는 사람이 있다. 처녀림(virgin forest, 원시림, 사람이 손을 대지 아니한 자연 그대로의 산림), 처녀비행(maiden flight), 처녀항해(maiden voyage), 처녀연설(maiden speech) 등이 영어에 있는 표현이다. '처녀'를 뜻하는 영어 'virgin' 또는 'maiden'이 들어간 말이다. 이들을 번역하면서 접하게 된 표현들이 우리말에도 적용되면서 처녀출전·처녀우승과 같은 말이 만들어지지 않았을까 생각된다.

물론 사전적으로 따지면 '처녀'는 여러 가지 뜻을 가지고 있다. 그 가운데는 '일이나 행동을 처음으로 함', '아무도 손대지 아니하고 그대로임'이라는 의미가 있다. 언어는 관습이고 습관에서 나타나는 의사전달이므로 '처녀'를 '처음'이란 뜻으로 사용하는 데 문제가 없다고 주장하는 사람이 있다. 또한 영어뿐 아니라 한자어권에서 모두 쓰이는 단어여서 굳이 성적인 표현이라 볼 수 없다는 이도 있다.

하지만 '처음'이란 뜻으로 굳이 '처녀'라는 말을 써야 하는지 의문이 든다. '처녀'라는 말에서 여성이 연상되지 않을 수 없다. 여성의 성적·신체적인 면을 이용한 이런 표현에는 남성 중심적 사상이 자리 잡고 있다는 것이 대체적 의견이다. 여성으로서는 충분히 거부감을 느낄 수 있는 단어로, 성 차별적인 표현이 아니라고 하기 어렵다. '처음 출전', '첫 우승', '최초 비행' 등처럼 객관적이고 중립적인 표현인 '처음, 첫, 최초'를 사용해도 의미를 전달하는 데 아무 문제가 없다.

여자에게만 붙는
'여성'이란 말

고등학교 가운데는 남자만 다니는 남자고등학교가 있고 여자만 다
니는 여자고등학교가 있다. 물론 남녀가 모두 다니는 남녀공학도
있다. 그런데 남자만 다니는 고등학교 가운데 'ㅇㅇ남자고등학교'
나 'ㅇㅇ남고등학교'처럼 '남자'나 '남'이라고 이름을 붙인 곳은 전
국에 한 곳도 없다. 간혹 인천남고등학교·부산남고등학교처럼 '남'
이 들어간 것이 있는데 이는 '남자'를 뜻하는 '남(男)'이 아니라 남쪽
을 뜻하는 '남(南)'이 들어간 것이다. 그러니까 남자임을 나타내는
고등학교 이름은 없다는 얘기다.

　그러나 여자임을 표기한 'ㅇㅇ여자고등학교'는 부지기수다. 여

학생만 있는 고등학교에는 대부분 이렇게 무슨 '여자고등학교'라고 이름을 붙여 여성만 다닌다는 사실을 분명하게 알리고 있다. 줄여서는 'ㅇㅇ여고'라고 부른다. 이처럼 남자고등학교는 교명에 '남자'라는 용어를 넣지 않는 데 비해 여고에만 '여자'라는 이름을 넣은 것은 다분히 남성 중심적 사고가 반영된 것이라는 의견이 많다.

이러한 점 때문에 여자들만 다니는 학교임에도 여자고등학교라는 이름을 붙이지 않고 그냥 'ㅇㅇ고등학교'라고 부르는 학교도 있다. 목동고등학교(서울 양천구), 인천논현고등학교(인천시 남동구), 인천고잔고등학교(인천시 남동구), 삼정고등학교(부산시 북구), 산남고등학교(충북 청주시), 온양한올고등학교(충남 아산시) 등이 이러한 학교다. 학교 이름에서 '여자'를 뺌으로써 굳이 여자만 다니는 학교라는 것을 내세우지 않고 있다. 여자고등학교이지만 여성의 한계를 넘어 변화와 도전을 두려워하지 않는 창의적 리더 육성을 목표로 하고 양성평등을 이루기 위해 교명에 '여자'라는 명칭을 사용하지 않았다고 한 교장 선생님은 밝혔다.

여학교뿐 아니라 직업을 가진 여성에게도 굳이 '여'자를 붙이는 경우가 많다. 남녀평등을 추구하는 세상에서 남자와 여자가 똑같은 일을 하고 있음에도 이처럼 굳이 여자에게만 '여'자를 붙이는 것은 성차별적인 표현이라는 것이 일반적 견해다. 국립국어원이 발간한 〈성차별적 언어 표현 사례 조사 및 대안 마련을 위한 연구 보고서〉에도 여의사·여배우·여교사·여선생·여직원·여대생·여기자·여경처럼 '여'를 붙이는 것은 여성차별적 용어라 밝히고 있다. 직업인으로 정당하게 대하기 전에 여성으로 먼저 상대를 보게 함으로써 이런 호칭이 여성을 차별하는 용어로 사용된다는 것이다.

여성과학자·여성산악인·여성노동자·여성운전자·여성대변인 등 '여성'이 들어간 말도 마찬가지다. 남녀의 성역할 구분이 없어지고 여성이 모든 분야의 사회활동에 동등하게 참여하는 시대에 아직도 여성에 대한 편향적 시각이 있다는 것은 문제가 아닐 수 없다. 물론 "여직원 비율이 60%에 이른다"처럼 어쩔 수 없이 쓰이는 경우가 있을 수도 있다. 그러나 여성이라는 것을 꼭 밝혀야 할 필요성이 없다면 이는 분명 차별적인 단어이므로 사용하지 말아야 한다. 만약 '미모의 여성 대변인'이라고 한다면 대변인으로서의 자질이나 능력보다 여성, 그것도 여성의 외적 측면을 먼저 드러내는 성차별적 표현이 될 수 있다.

밖에서 일하는
안사람

조선시대 우리나라는 유교적 윤리가 강조되는 사회였다. 유교적
윤리에서 나온 말 가운데 '삼종지도(三從之道)'라는 것이 있다. 여성
은 시집가기 전에는 아버지를 따르고, 시집가서는 남편을 따르고,
남편이 죽은 뒤에는 자식을 따라야 한다는 것이다. 이처럼 당시 여
성의 지위는 지금보다 매우 낮았다.

당시 여성은 밖에 나가 자유롭게 활동할 수 없었고, 지식 습득에
도 제한이 있었다. 결혼한 후에는 시댁에 들어가 시부모를 모시고
살아야 했다. 남편이 죽으면 3년 동안 재혼이 금지됐다. 재혼한 여
성의 아들은 벼슬길에 오르지 못하게 함으로써 여성에게 정절을 강

요했다. 여성은 제사에 참석할 수 없었고 재산 상속에서도 제외됐다. 상황이 이러니 여성은 집 안에만 머무를 수밖에 없고 경제적으로 어려워진 여성은 더욱 남편에게 기대어 생활할 수밖에 없었다.

그렇다고 모든 면에서 여성의 지위가 남성보다 낮기만 한 것은 아니었다. 가정 안에서만큼은 여성도 큰소리를 낼 수 있었다. 가정을 지키고 자녀를 가르치는 일, 그리고 살림살이를 꾸리는 일은 모두 여성의 몫이었다. 제사를 준비하는 일도 여성이 도맡아 했다. 오히려 남편은 집안일에 간섭할 수 없었고 이러한 부분에서는 여성의 입김이 절대적이었다.

이처럼 여성의 역할이 집안에만 머무르다 보니 자연스럽게 안사람·안주인·안식구·집사람과 같은 용어가 익숙하게 자리 잡게 됐다. 요즘도 자신의 부인을 지칭할 때 이러한 말을 그대로 사용하고 있다. 다른 사람에게 아내를 소개할 때 "제 안사람입니다", "제 집사람입니다" 하는 식으로 안사람·집사람 등의 말을 쓴다.

그러나 요즘 시대에는 사리에 맞지 않는 말이다. 앞서 언급했듯이 남성과 여성의 구분이 없어진 지 오래다. 더 이상 가정은 여자, 사회는 남자라는 등식이 성립하지 않는다. 남편과 아내가 동시에 사회생활을 하기 일쑤고 가정일도 요즘은 나누어 함께 한다. 이러한 시기에 부인을 안사람이나 집사람으로 부르는 것은 어울리지 않는다.

물론 이러한 용어가 자기 아내를 남들에게 겸손하게 이르는 말이기는 하다. 다른 사람에게 자신의 부인을 낮추어 말할 때 이렇게 부르고 있다. 그러나 이 단어에는 여성의 본래적 역할이 가정에 머물러야 한다는 의미가 내포돼 있다.

남들에게 자기 부인을 소개할 때 '제 아내'라고 하면 괜찮을 듯싶다. "제 아내입니다", "제 아내한테 물어보고 연락드리겠습니다"고 하면 된다. 물론 '아내' 역시 어원을 따지면 그게 그거라 할 사람이 있을지 모르지만 '집사람', '안사람'과는 달리 이미 어원에서 상당히 멀어져 있는 단어다. '아내' 앞에 '제'를 붙이기만 해도 상대에게 충분히 예의를 갖추는 표현이 된다.

파출부는
불러도 오지 않는다

대학을 졸업하고도 3년 동안 직장을 구하지 못한 김모씨는 가사도우미 일을 하면서 학원비와 용돈을 벌고 있다. 낮 시간에 그 집에 가서 네 시간씩 집안청소·세탁·다림질 등의 일을 해 준다고 한다. 김씨처럼 요즘은 남자들도 가사도우미를 하는 경우가 많다.

콘크리트 못 박기, 커튼·블라인드 설치, 주방·화장실 등의 실리콘 작업, 가구 이동, 스위치나 형광등 교체 등 여자들이 하기 어려운 가정 내 일을 대신 해 주는 업체도 있다고 한다. 남자들로 구성돼 있으며 이러한 일을 해 주고 시간으로 계산해 돈을 받는다. 요리와 더불어 자녀를 돌봐 주는 일까지 하는 남성 가사도우미도 많다고 한다.

이처럼 보수를 받고 출퇴근하거나 먹고 자면서 집안일을 해 주는 사람을 일반적으로 '파출부'라 부른다. 특히 요즘 맞벌이로 바쁜 부부를 대신해 집에 와서 청소·빨래·음식준비 등 집안일을 두루 해 주는 사람이 적지 않다.

원래 파출부는 여자들이 했다. 파출부(派出婦)의 한자를 보면 알 수 있다. 임무를 주어 사람을 파견한다는 뜻의 파출(派出)과 여자를 의미하는 부(婦)로 구성돼 있다. 대체로 하는 일이 집안의 살림과 관계된 것이므로 파출부는 예전에는 당연히 여자들이 하는 것으로 생각했다.

'파출부'와 비슷한 의미로 '가정부'라는 말도 쓰인다. 가정부(家政婦) 역시 일정한 보수를 받고 집안일을 해 주는 여자라는 뜻이다. '식모(食母)'도 있다. 남의 집에 고용돼 주로 부엌일을 맡아 하는 여자를 일컫는 말이다. 과거 대갓집에서는 많은 음식을 준비하다 보니 도움이 필요해 특별히 부엌일을 수행하는 사람을 고용했던 것이 아닌가 생각된다. 어쨌거나 파출부·가정부·식모 모두 여성이 주로 하는 일이었고 용어에도 여성이라는 의미가 포함돼 있다.

하지만 김씨의 사례에서 보듯 요즘은 파출부 일을 하는 사람이 여자에게만 국한되는 것이 아니다. 남자들 가운데도 남의 집안일을 도와주는 사람이 적지 않다. 김씨처럼 취업이 어렵다 보니 파출부 일을 하는 젊은 남성도 꽤 있다고 한다.

따라서 파출부라는 용어가 현실과 맞지 않는 측면이 있다. 법제처는 2015년 11월 이 파출부라는 단어가 직업과 성에 대한 편견을 준다고 보고 가사도우미로 용어를 바꾸었다. 이를 준용하면 가정부·식모 역시 가사도우미로 부르는 것이 적절하다.

그녀라고
부르지 마세요

오래전 일이다. 신문 기사에 '그녀'라는 표현이 나간 적이 있는데 다음날 여성단체에서 전화를 걸어 왔다. '그녀'는 여성 차별적인 용어이기 때문에 사용을 자제해 달라는 내용이었다. 이후 신문에서는 '그녀'라는 표현을 쓰지 않는다. '그녀' 대신 중립적이고 객관적인 표현인 '그'를 쓴다. "이영희(27, 여)씨는~"이라고 한 다음 뒤에서는 '그는~'이라고 표현하는 방식을 사용한다.

'그녀'란 말은 태생적으로 문제를 안고 있다. '그녀'의 모태는 일본어다. 일찍이 서양 문학을 접한 일본 문인들은 영어의 'she'를 옮기는 말로 '가노조(彼女)'라는 단어를 만들어 낸다. '그 남자'에 해당하는 '가레(彼)'에 여자를 뜻하는 '녀(女)'를 붙인 것이다. 그렇게 해서 'he'는 '피(彼)', 'she'는 '피녀(彼女)'로 번역했다.

1920년대 일본에 유학하던 김동인은 우리말에도 영어의 'she'에 해당하는 여성 대명사가 없음을 아쉬워하다 일본의 '彼女'를 본떠 '그녀'라는 말을 만들어 낸다. 이리하여 자신의 소설에서 '그녀'를 즐겨 사용했고 다른 문인들도 따라 쓰게 된다. 1950년대에 이르면 이 단어가 흔히 사용된다.

그러나 이를 두고 이후 여러 차례 논란이 인다. 그 바탕에는 우리말에선 남녀를 구분하지 않고 '그'를 쓰기 때문에 '그녀'가 필요 없다는 인식이 깔려 있다. '그녀'는 우리말(그)+한자어(女)로 이렇게 결합하는 경우가 거의 없다는 점도 걸림돌이다. 그대·그이·그분·그네(들)·그놈·그년·그치 등 '그'는 순우리말과 결합한다. '그남(그男)'을 가정해 보면 '그녀'가 얼마나 어설픈지 알 수 있다.

이러다 보니 당시 '그녀'에 반대하는 문인이나 학자들은 대체할 수 있는 말을 저마다 내놓았다. 어미·할미·아지미의 '미'를 딴 '그미', 아지매·엄매·할매의 '매'를 딴 '그매', 언니·어머니·할머니의 '니'를 딴 '그니'에서부터 '그이·그히·그냐·그네·그년'에 이르기까지 다양하다. 이들 가운데 어느 것도 세력을 얻지 못해 일반적으로 쓰이지는 않고 있으나 '그녀'의 문제점을 여실히 보여주고 있다.

물론 '그녀'에 대해 크게 이의를 달 필요가 없다는 사람도 있다. 세월은 흘러 '그녀'가 굳건히 자리를 잡았다. 이제 와서 '그녀'를 사용하지 않을 순 없지만 남용하지는 말아야 한다. 여자임이 드러난 글에서는 '그'로 써도 무방하다. 상황과 문맥에 따라 '그 여자'로 써도 되고 소녀·아주머니·여인·부인·여사 등 상황에 따라 사용할 수 있는 말이 많다.

비싼 커피만 마시는 된장녀

요즘 커피숍이 참으로 많아졌다. 직장인이 붐비는 거리나 대학가 등에는 몇 집 건너 한 집이 커피숍일 정도로 그 수가 증가했다. 그래도 커피숍에 가면 늘 만원이다. 특히 점심을 먹고 커피숍에 가면 긴 줄을 서야 하는 것은 물론이고 앉을 자리를 찾기도 힘들다. 커피값이 보통이 아닌데도 말이다. 어떤 커피는 점심 한 끼 식사와 맞먹는 돈이다. 아마도 이런 커피를 마시는 사람 가운데는 그보다 훨씬 싼 2,000원이나 3,000원짜리 김밥 또는 라면을 먹은 사람도 있을 것이다.

한동안 '된장녀' 논쟁이 뜨거웠다. 스타벅스로 대표되는 외국계

브랜드의 비싼 커피를 마시는 여성들을 합리적 소비 능력이 결여된 미숙아 정도로 몰아붙이는 데서 된장녀 논쟁이 시작됐다. 한 방송이 스타벅스가 지나치게 비싼 가격으로 커피를 팔고 있다고 보도하자 그런 커피를 마시는 여성들을 된장녀라 비난하는 것으로 논쟁이 번졌다. 한마디로 밥값보다 비싼 커피를 마시는 여성, 즉 사치와 허영이 가득한 여성이 된장녀다.

된장녀는 원래 서양 문화를 추종하고 서양 남자라면 맥을 못 추는 한국 여성을 일컫는 말로 이전부터 사용돼 왔다. 그러던 것이 점차 허영심에 가득 찬 여성을 비난하는 말로 쓰이게 됐다. 명품 가방을 걸치는 등 자기 치장에 지나치게 몰두하고 테이크아웃 커피점과 패밀리 레스토랑을 즐겨 찾는 20대 여성을 지칭하는 말로 자리 잡았다. 〈된장녀의 하루〉라는 만화와 〈된장녀 키우기〉라는 게임은 된장녀의 개념을 더욱 구체화하면서 논란을 증폭시켰다.

그러나 따지고 보면 된장녀는 실체가 불분명하다. 점심 값보다 비싼 커피를 마신다고 해서 합리적인 소비 능력이 부족하다고 할 수 없다. 명품 가방을 지녔다고 해서 다 허영에 휩싸였다고 볼 수도 없다. 이런 식으로 싸잡는다면 된장녀가 아닌 사람이 없다. 물론 모든 면에서 합리적 소비 능력이 떨어지고 허영이 가득한 사람이 없지는 않겠지만 자신과 다른 소비 행태나 생활방식을 된장녀란 이름으로 싸잡아 비난하는 것은 곤란하다.

이러한 비난은 여성을 비하하는 것으로 연결된다. 한 조사에 따

르면 된장녀나 김치녀 등의 여성비하 표현에 남성 응답자의 54%
가 공감한다고 답했다고 한다. 김치녀는 금전적으로 남성에게 의
존하려는 여성을 일컫는다. 더욱 놀라운 사실은 청소년의 67%가
이러한 표현에 공감한다고 응답해 어린 연령대에서 여성에 대한
혐오가 더 심각함을 보여주고 있다. 여성에 대한 혐오와 멸시, 편견
을 뜻하는 '여혐'은 이젠 누구나 사용하는 일반명사가 됐다. 이러한
여혐을 담은 대표적인 용어가 된장녀나 김치녀다. 이러한 단어는
남성우월주의 사상에서 나온 것으로 여성을 부정하고 비하하는 말
이다. 시대에 맞지 않는 이러한 단어는 사용하지 않는 것이 바람직
하다.

'주요 대학'의
기준은 무엇인가

저자가 다니고 있는 신문사에서 해마다 대학 평가를 하고 있다. 언론사로서는 처음 시작한 대학 평가로 꽤 역사가 깊어 상당한 신뢰도를 자랑하고 있다. 대학들은 해마다 대학 평가가 나올 때면 올해는 순위가 어떻게 될까 마음을 졸인다. 순위가 발표되면 엇갈리는 등수를 보면서 일희일비하기도 한다.

　이러한 평가는 사회적인 평판에도 영향을 미치고 고등학생들이 대학을 선택하는 지표로도 사용된다. 대학 평가 결과는 또한 정부의 지원과도 연결되는 경우가 있기 때문에 대학에서는 중요하게 생각할 수밖에 없다. 이렇게 이어져 온 대학 평가는 대학가에 건전한 경쟁의식을 불어넣음으로써 대학 스스로 노력하고 발전하는 데 기여하기도 한다.

한번은 대학 평가에서 서울이 아닌 수도권에 있는 한 대학의 순위가 상위권에 오른 적이 있다. 해당 학교 교수·학생 등 관계자나 동문들에게는 참으로 기쁜 일이 아닐 수 없다. 순위 발표가 있던 날 우연히 신문사로 걸려온 전화 한 통을 받았다. 순위가 높게 나온 이 대학의 교수 분이셨다. 그는 "이번에 우리 대학 순위가 상위권으로 나왔으니 앞으로 신문에 주요 대학을 나열할 때 우리 대학을 꼭 넣어 달라"고 얘기했다.

해당 학교 교수로서는 당연히 할 수 있는 이야기라는 생각이 들었다. 언론사에서 '주요 대학'을 이야기할 때 항상 서울에 있는 몇 개 정해진 대학을 나열하는 습성이 있는데 실제 대학 평가에서 성적이 우수하게 나온 대학을 순서대로 언급해야 한다는 것은 논리적으로 맞는 얘기다. 그러잖아도 저자도 늘 궁금해한 것이 있다. 도대체 주요 대학이라는 것이 무엇인가? 어떤 기준으로 주요 대학을 선정하고 그 용어를 사용하는가? 주요 대학이 있으면 나머지는 주요하지 않은 대학인가?

주요 대학뿐만이 아니다. 일류 대학, 명문 대학이라는 말도 오랫동안 써 오면서 귀에 익숙한 용어다. 일류 대학은 무엇이고 명문 대학은 무엇인가. 물론 전통적으로 일류 대학, 명문 대학이라 칭해 오는 몇 개 대학이 있다. 그러나 이것은 주관적인 영역으로 개인마다 판단이 다를 수 있고 또 일류와 명문의 기준이 바뀔 수도 있다. 서울에 명문 대학이 있을 수 있고 지방에도 명문 대학이 있을 수 있다. 따라서 주요 대학, 일류 대학, 명문 대학은 기준과 범위를 정하기 어렵다.

더 큰 문제는 주요 대학, 일류 대학, 명문 대학이라고 칭하면서 대학을 나열할 때 거기에 속하지 못한 대학, 특히 지방의 대학들은 엄청난 괴리감을 느낄 수 있다. 지방에도 얼마든지 일류 대학이 있을 수 있다. 또 나라에는 강소국이 있듯이 지방에도 소위 강소 대학이 있을 수도 있다. 요즘은 특히 지역에서 경쟁력 있는 과를 육성해 성과를 내는 곳이 많다. 그래서 '주요 대학'과 같은 이들 명칭은 다분히 차별적인 용어가 아닐 수 없다.

어느 신문에 이런 제목이 있었다. "지방대 교수 논문 SCI급 국제 학술지 표지 장식"이라는 제목이다. 물론 좋은 의미로 지방대라는 말을 교수 앞에 붙였으리라 생각한다. 하지만 지방대 교수라고 하니 지방대 교수 가운데 정말 의외로 이런 사람이 있다는 식의 표현으로 비칠 수 있다. 다분히 차별적인 표현이 아닐 수 없다. 굳이 제목에서 이렇게 커다랗게 지방대라는 사실을 밝히지 않아도 이해하는 데 지장이 없을 텐데 말이다.

"지방대생이 ○○에 합격"이라는 문구도 마찬가지다. 지방대학에도 실력 있고 능력 있는 학생이 얼마든지 있을 텐데 굳이 지방대생이라는 것을 내세워야 할 필요성이 없다. 이런 표현은 무의식적으로 지방대에 부정적 인식을 심어줄 수 있다. 주요 대학, 일류 대학, 명문 대학, 지방 대학, 유수 대학 등의 표현은 경우에 따라서는 차별적인 용어가 될 수 있다. 꼭 이러한 표현이 필요한 경우가 아니라면 사용하지 말아야 한다.

가게는 없어도
어엿한 사장입니다

지하철을 타고 가다 보면 간혹 열차 칸을 오가면서 물건을 파는 사람을 볼 수 있다. 주로 간단한 생활용품을 싸게 판다. 이처럼 일정한 가게 없이 옮겨 다니면서 자질구레한 물건을 파는 장사꾼을 '잡상인'이라 부른다. 아파트 문을 두드리면서 물건을 파는 사람, 지하철역 이동로에서 가방이나 가죽장갑 등을 펼쳐 놓고 파는 사람 등도 쉽게 접할 수 있는 잡상인이다.

  이러다 보니 아파트 입구 게시판이나 공공기관 건물에는 '잡상인 출입 금지'라는 문구가 붙어 있는 곳이 있다. 지하철역에도 '잡상인 금지'나 '잡상인 단속' 등의 문구가 적혀 있는 것을 종종 볼 수 있다. 상인과 잡상인은 어떻게 구분할까? 고정된 판매 공간을 확보했는지, 일정 수준의 상품을 구비하고 있는지 등에 따라 구별된다. 어쨌거나 잡(雜)이라는 말에 비하적 의미가 들어 있으므로 잡상인은 그 자체로 직업을 천대하는 의미로 들린다.

직업을 낮추어 말하는 것으로는 관상쟁이·그림쟁이 등처럼 '-쟁이'가 붙는 말도 있다. '-쟁이'는 그것과 관련된 일을 직업으로 하는 사람의 뜻을 더하는 접미사이지만 주로 그런 사람을 낮잡아 이를 때 쓰인다. 일반적으로 이발쟁이·봉급쟁이·점쟁이·환쟁이 등은 각각 이발사·봉급생활자·역술가·미술가를 낮추어 부르는 말로 인식된다. 전문성을 강조하는 의미로 본인 스스로를 지칭할 때는 긍정적으로 쓰이기도 하지만 제삼자가 이런 말을 사용하면 실례가 될 수 있다. 만약 다른 사람이 "봉급쟁이가 이런 것을 다 하느냐"고 한다면 이는 필시 봉급생활자를 낮추어 하는 말이고 듣는 사람에게 상처가 될 수도 있다.

이 밖에도 특정 직업을 깎아내리는 말로는 '노가다'나 '막일꾼'이 있다. 건설현장에서 몸으로 힘든 일을 하는 노동자를 지칭하는 말이다. 이러한 일도 누군가는 해야 하는 소중한 직업이고 고된 노동이 수반되는 일이므로 그 자체로 존중돼야 한다. 연예인을 '딴따라'라고 부르는 사람도 있다. 딴따라는 연예인을 낮잡아 이르는 말이다. 유랑극단이나 쇼단, 서커스단 등이 시가지를 행진하면서 내던 악기 소리에서 연유했다는 의견이 있다.

군인을 '군바리'라고 표현하는 것 역시 바람직하지 않다. 국방의 무를 수행하는 젊은이들을 비속어인 군바리로 부르는 것은 옳지 않다. 경찰관을 지칭하는 '짭새' 역시 사용하지 않는 것이 바람직하다. 만약 얘기할 때 "무슨 군바리들이 이렇게 많으냐", "짭새들이 출동했네" 등처럼 다른 사람의 직업을 낮추어 부르는 단어를 마구 사용한다면 말하는 사람의 인격이 높아 보일 수 없다.

미혼모와 비혼모는
어떤 차이가 있을까

다큐멘터리 영화 〈미쓰마마〉라는 것이 있다. 결혼하지 않고 아이를 낳아 기르는 3명의 여성 이야기를 다루고 있다. 이들처럼 결혼하지 않은 상태에서 아이를 낳은 사람을 일반적으로 '미혼모'라 부른다. 미혼모라고 하면 대체로 외롭고 힘들게 살아갈 것이라는 선입견을 갖고 있게 마련이지만 이들은 각자 당당하고 즐겁게 삶을 살아간다. 그러면서 우리 사회의 가부장적이고 성차별적인 문화와 결혼, 양육에 대한 모순을 지적한다.

그러나 미혼모가 이들처럼 당당하게 살아가기가 쉽지 않은 게 우리 사회의 현실이다. 무엇보다 색안경을 끼고 바라보는 싸늘한 시선 때문에 심리적으로 어려움을 겪는다. 또한 제도적 미비로 인해 아이를 기르는 것이 쉽지 않다. 정부에서 출산 장려 정책을 펴고 있지만 결혼한 사람에게서 태어난 아기를 전제로 혜택을 주고 있어 이들에게는 적용되지 않는 경우가 많다.

이들에 대한 인식을 개선하는 차원에서 나온 용어가 '비혼모'다. 요즘은 미혼모보다 비혼모라는 용어를 권장하고 있고 실제로 이렇게 많이 부르고 있다. 그렇다면 미혼모와 비혼모는 어떠한 차이가 있을까?

미혼모는 결혼을 하지 않은 몸으로 아이를 낳은 여자를 뜻한다. 즉 결혼을 하지 않은 상태에서 남자와 직접적인 관계를 맺고 아이를 임신한 뒤 출산한 여성을 말한다. 지금까지 우리 사회는 이들에게 대체적으로 부정적인 시각을 가져온 게 사실이다.

비혼모의 개념은 좀 다르다. 비혼모는 결혼은 하지 않고 아이만 낳아 기르는 여자를 말한다. 결혼은 싫지만 아이를 원하는 형태의 여성을 의미한다. 일명 '자발적 비혼모(Single Mothers by Choice)'라 불리는 신여성을 지칭한다. 독신주의자이면서 애인 또는 정자은행을 통해 아이를 낳아 기르는 여성이다. 자발적이냐 아니냐 하는 차이가 다소 있기는 하지만 크게 보면 미혼모 역시 비혼모의 범주에 든다고 볼 수 있다.

통계청에 따르면 최근에는 매년 8,000~1만 명의 아기가 혼인하지 않은 가정에서 태어난다고 한다. 앞으론 점점 더 많은 가정이

혼인을 기반으로 한 전통적 가족 형태에서 벗어날 것으로 전문가들은 내다본다. 인구가 줄어드는 현실에서 이들에 대한 정책 역시 중요하다. 저출산을 탈피하기 위해 각종 정책을 펼치면서도 이들을 외면한다는 것은 사회적으로도 큰 손실이 아닐 수 없다. 이들에 대한 이미지 개선과 맞춤형 정책이 절실하다.

유럽 등 서구에선 결혼하지 않는 동거 커플, 여성 혼자 출산해 자녀를 키우는 비혼모 등이 자연스러운 현상으로 받아들여진다. 우리 사회도 연애와 결혼에 대한 인식이 바뀌고 있다. 결혼을 했는지, 하지 않았는지가 중요한 기준이 될 수 없다. 이 자체가 성차별적 시선이 들어가 있는 것이다. 이들에 대한 인식의 개선은 미혼모 대신 비혼모라 부르는 것에서 시작될 수 있다.

장애인과 비장애인 사이
문턱 높이는 단어들

요즘 대부분의 건물 입구 계단에는 한쪽에 휠체어 등이 다닐 수 있게끔 경사로를 마련해 놓았다. 지하철역 계단에도 이러한 경사로가 있다. 또한 지하철역 보도에는 점자 블록 표시가 돼 있다. 모두가 장애인을 위한 시설이다. 이처럼 건축물·교통수단·도로 등에는 장애인이 편리하고 안전하게 접근하고 이용할 수 있게끔 편의 시설을 설치해 놓았다.

구체적으로는 장애인이 이용 가능한 출입구, 통행이 가능한 복도·계단, 승강 설비, 장애인이 이용 가능한 화장실, 시각장애인 유도 및 안내 설비, 장애인 전용 주차구역 등의 장애인 편의 시설이 있다. 이러한 시설은 법률로 강제하고 있다. 많이 나아졌지만 장애인들은 여전히 이동하는 데 불편이 크다고 호소하고 있다.

부족한 편의 시설도 문제이지만 장애인들을 더욱 힘들게 하는 것은 편견과 사회적 냉대다. 그들을 대하는 인식이 많이 변했지만 우리 사회에는 아직도 장애를 부정적으로 바라보는 시각이 적지 않다. 사람을 내면의 인격과 능력으로 판단하지 않고 겉으로 드러난 특징으로만 평가한 결과다. 이제 장애인들도 사회의 일원으로 떳떳하게 생활하고 있지만 여전히 그들을 불편한 존재로 바라보는 시선이 존재한다.

그러한 시선은 은연중에 그들을 부르는 말로 나타난다. 맹인·장님·저능아·불구자·벙어리·소경·애꾸눈이·앉은뱅이·난쟁이·귀머거리·절름발이 등 자신도 모르게 그들을 차별하고 비하하는 용어를 쓰기 십상이다. 이들 용어는 장애 상태나 특정 장애 부위를 부각시킨 말이기 때문에 차별과 비하의 표현으로 들린다. 예를 들어 '절름발이'라고 하면 다리와 관련된 그 사람의 신체적 특징을 지칭하면서 부족한 사람이란 뜻을 강하게 표출하는 것이므로 이 자체가 상대를 비하하는 말이 된다.

'저능아'는 말 그대로 지능이 낮다는 뜻이다. 선천적 질병이어서 치유가 불가능하다는 뜻도 내포돼 있다. 그러므로 어른이 돼도 아이 취급을 받아야 한다는 의미를 담고 있다. 대체어인 '지적장애인'에는 이런 뜻이 덜 들어 있다. 장애가 극복이라는 말과 잘 어울리는 만큼 이 말에는 치유 가능성도 들어 있다. 따라서 이 단어에 내 포된 이미지는 유연하고 객관적이다. 벙어리를 언어장애인, 앉은 뱅이를 하반신장애인이라 부르는 것을 생각하면 이러한 점이 더욱 분명해진다.

이러한 용어를 바꾼다고 실제적으로 무엇이 달라지느냐고 묻는 사람이 있을 수 있다. 그러나 저능아·장님·벙어리·불구자 등과 같 은 용어는 이미지와 연계돼 있다. 과거 사회적으로 냉대받던 시대 의 부정적 이미지를 그대로 담고 있다. 그러므로 기존 용어를 새로 운 말로 바꾸면 이미지가 달라질 수 있다.

즉 장님이나 맹인이란 말에는 앞이 전혀 보이지 않는다는 뜻이 들어 있다. 시각장애인은 이와 좀 다르다. 장애의 정도가 낮으면 어 느 정도 시력을 확보할 수도 있다. 저능아를 지적장애인이라 부르 는 것 역시 다소의 장애가 있기는 하지만 우리 사회의 일원으로서 함께 어울려 나가야 한다는 의미를 내포하고 있다. 그럼으로써 과 거의 부정적 이미지에서 탈피하는 장점이 있다. 장애인과 비장애인 의 문턱을 낮추는 것은 이들을 부르는 단어에서부터 시작된다.

따라 죽지 못해
붙은 이름 '미망인'

고대에는 순장(殉葬) 제도가 있었다고 한다. 순장이란 어떤 특정한 사람의 죽음을 뒤따라 스스로 목숨을 끊게 하거나 강제로 죽여 먼저 죽은 시신과 함께 묻는 장례 풍속을 말한다. 통치자 등 신분이 높은 사람이 죽었을 때 신하를 죽여 함께 묻거나 남편이 사망했을 때 아내를 뒤따르게 하는 습속이 있었다고 한다. 이러한 풍습은 고대 문명권 어디에서나 있었지만 신분 계층이 강한 사회나 가부장적인 사회에서 주로 시행됐다고 한다.

죽은 사람의 영혼을 위로하고 부활을 이루기 위한 종교적 관념에서 이러한 의식이 행해진 것으로 보인다. 고대 중국에서도 사람과 동물 등을 함께 죽여 묻었다고 한다. 남편이 죽으면 아내도 따라 목숨을 끊는 것을 당연하게 여겼다. 중국의 순장 습속은 서주(西周) 시대까지 성행했으나 그 이후에는 급격히 줄었다고 한다. 우리나라 에서도 신라 지증왕 3년 왕명에 의해 순장이 금지됐다는 기록을 보면 그 이전까지는 이러한 제도가 존재했다는 이야기가 된다.

이러다 보니 생겨난 말이 '미망인'이다. 미망인(未亡人)은 남편이 죽었는데 아직 따라 죽지 못한 사람이란 뜻이다. 즉 남편이 죽고 홀로 남은 여자를 이르는 말이다. 남편이 죽었으니 응당 따라 죽었 어야 하나 아직까지 그러지 못하고 살아 있는 사람이란 의미를 담고 있다. 남편을 따라갔어야 하나 그러지 못해 죄를 지은 사람이란 의미도 내포하고 있다. 남편과 사별한 여자가 남들에게 자신을 칭할 때 스스로를 낮추어 이르는 말로 주로 사용돼 왔다.

이처럼 미망인이란 말은 고대 사회에서 여성의 곧은 절개와 희생만을 강조하던 데서 나온 말이다. 세상이 변한 요즘에 들어와 생각해 보면 순장이란 미개하기 짝이 없는 풍습이고 미망인이라 부르는 것 역시 사리에 맞지 않는 용어다. 물론 스스로 겸손하게 표현하기 위해 사용하는 것이라면 어쩔 수 없겠지만 제삼자가 미망인이란 용어를 쓴다면 시대에 어울리지 않는다.

그럼에도 불구하고 "미망인 연금 수령", "미망인 재산 상속", "지원금 미망인에게까지 확대" 등처럼 미망인이란 용어를 사용하는 경우가 있다. 별다른 생각 없이 정부기관에서 이처럼 미망인이란 용어를 쓰고 있다. 부고에서 '미망인 ○○○' 하는 식으로 사용되기도 한다. 생전에 이름을 날린 남자의 부인을 높여 부르는 용어처럼 미망인이란 말을 쓰기도 한다.

여권이 신장되고 남녀평등이 이루어진 요즘에 와서도 미망인이란 용어가 사용되는 것은 문제가 있다. 물론 의미를 정확하게 모르기 때문에 이 단어를 사용할 수도 있다. 알아도 별 생각 없이 이 말을 쓰는 경우도 있을 것이다. 하지만 시대에 맞지 않는 용어이므로 사용하지 않는 것이 바람직하다.

남의 아내를 존대하는 말에는 부인(夫人), 영부인(令夫人), 합부인(閤夫人)이 있다. 이 가운데 가장 많이 쓰이는 말이 부인이므로 미망인 대신 적절하게 부인이라는 말을 사용하는 것이 바람직하다. '미망인 연금 수령'은 '사망자 부인 연금 수령'이라고 하면 된다. '사망자'라는 말이 그렇다면 '남겨진 부인 연금 수령'이라고 해도 의미를 전달하는 데 어려움이 없다. 부고에서는 군이 '미망인 ○○○' 할 것 없이 그냥 '부인 ○○○'이라고 하면 된다.

촌스럽다고
말하지 마세요

농악놀이 공연을 보다 보면 한자로 '농자지천하대본(農者之天下大本)' 이라고 적힌 것을 볼 수 있다. 농민이 천하의 가장 큰 근본이라는 이야기다. 그러나 현실은 그렇지 못하다. 조선시대를 예로 들면 실제로는 철저한 반상(班常, 양반과 평민)의 차별 아래 농사를 짓는 사람은 천시됐다. 1년 내내 농사를 지어봤자 농민은 늘 가난하고 배고픔에 신음해야 했다.

1960년대 중반부터 시작된 경제개발로 급속한 산업화가 이루어지면서 도시와 농촌의 삶은 더욱 많은 차이를 보이게 된다. 도시는 부유해졌지만 젊은이들이 떠난 농촌의 상황은 점점 어려워졌다.

도시민들은 농촌 사람들을 자신들과 다른 사람으로 바라보게 됐다. 농민을 비효율적으로 일하는 사람, 가난을 면치 못하는 사람으로 인식하기 시작했다. 농촌은 무언가 뒤떨어지고 불결하고 부족한 곳이라는 무의식이 지배하기 시작한 것이다.

이렇게 해서 농촌을 표현하는 부정적 시각의 단어들이 생겨나게 된다. '촌스럽다'는 표현이 대표적이다. 사전에도 '촌스럽다'는 어울린 맛과 세련됨이 없이 어수룩한 데가 있다고 풀이돼 있다. "옷차림이 촌스럽다", "촌스럽게 굴지 마라" 등처럼 일상생활에서 흔히 쓰이는 표현이다. "촌티가 난다"처럼 '촌티'라는 말이 쓰이기도 한다. '촌티'는 시골 사람의 세련되지 못하고 어수룩한 모양이나 태도를 일컫는 말이다.

시골 사람을 '촌놈'이라 부르기도 한다. 시골 남자라는 뜻이기는 하나 행동이나 외모가 촌스러운 남자를 낮잡아 이르는 말로 주로 쓰인다. '촌뜨기', '시골뜨기'는 이들을 더욱 격하시켜 부르는 단어로, 견문이 좁은 시골 사람을 낮잡아 이르는 말로도 사용된다. '촌닭'도 있다. 그 자체는 시골 닭을 의미하지만 촌스럽고 어릿어릿한 사람을 속되게 이르는 말이다.

하지만 이제 농촌도 옛날과 다르다. 농촌도 친환경적 고품질 농산물을 생산하고 차츰 부농(富農)이 생겨나고 있다. 전문화·규모화 등으로 기대가 커지면서 농촌에 대한 인식도 바뀌어 가고 있다. 도시민이 농어촌의 가치를 새로이 알아가기 시작했고 환경과 자연,

그리고 공통체적 삶에 대한 소중함을 깨닫게 됐다. 관광·서비스업 등으로 도시민에게 여가와 휴식을 제공하면서 3차 산업의 면모도 갖춰 나가고 있다.

농촌을 비하하는 듯한 이러한 단어는 이제 자제하는 것이 마땅하다. 물론 농촌에 거주하는 사람이 "나는 촌사람이다. 하지만 누구보다 행복하다"고 하는 것처럼 스스로 자부심을 가지고 이렇게 부르거나 자신을 겸손하게 표현할 때라면 이런 말이 가능하다. 그러나 만약 상대에게 '촌스럽다'고 하거나 '촌놈'이라고 한다면 낮은 수준의 단어를 구사함으로써 스스로 격이 낮거나 경박하다는 것을 보여주는 일이 된다.

조선은 사라졌지만
조선족은 있다

조선족은 중국에 거주하고 있는 한민족(韓民族) 혈통을 지닌 중국 국적의 주민들을 가리킨다. 조선시대 경제적 어려움을 피하기 위해 조선인들이 만주로 이주했고, 조선이 일본에 합병되면서 이러한 사람이 더욱 늘었다. 독립투쟁을 위해 조국으로부터 이주해 가는 독립운동가도 많았다. 이들은 1945년 해방 후 남북 분단과 중국 공산화 등으로 조국으로 돌아오지 못하고 그대로 남아 중국의 소수민족으로서 중국 국적을 소유하게 됐다.

중국에는 50여 소수민족이 산다. 조선족은 그 가운데 하나다. 중국인들은 한족이나 만주족 등과 이들 우리 민족을 구분하기 위해 조선족이라 부른다. 즉 조선족은 다른 민족인 중국인이 우리 민족을 구분 짓기 위해 부르는 명칭인 것이다. 이러한 명칭을 따라 우리 역시 중국에 거주하는 우리 민족을 조선족이라 부르는 경우가 적지 않다. 그러나 이는 같은 우리 민족을 스스로 차별하는 일이다.

중국인이 조선족이라 부르는 것이야 그렇다 쳐도 우리가 이렇게 부르는 것은 곤란하다. 우리와 같은 민족이고 아픈 역사를 간직한 이들에게 조선족이라고 하는 것은 사리에 맞지 않는다. 차별적인 의미도 담고 있다. 마치 중국인이 다른 민족을 바라보듯 우리가 그들을 다른 민족으로 대하는 것이나 마찬가지이기 때문이다. 특히 아픈 역사를 간직한 그들이 같은 민족이라 생각하고 한국 땅을 찾았는데 마치 다른 민족을 대하듯 조선족이라 부르면 마음이 몹시 아프지 않을 수 없다. 따라서 '조선족 노동자', '조선족 아주머니' 등과 같은 표현을 쓰지 말아야 한다.

미국에 거주하는 우리 민족을 일컬을 때는 재미동포·재미교포라는 말을 쓴다. 일본에 거주하는 우리 민족은 재일동포 또는 재일교포라고 부른다. 동포(同胞)는 같은 핏줄을 이어받은 사람들로, 국내에 살건 국외에 살건 동일한 민족의식을 가진 사람 모두를 다정하게 이르는 말이다. 교포(僑胞)는 다른 나라에 살고 있는 동포로, 본국과 거주국의 법적 지위를 동시에 갖는 사람들이다. 거주지를 기준으로 하기 때문에 동포보다 좁은 의미로 쓰인다.

재미동포나 일본동포처럼 한국에 와 있는 조선족 역시 중국동포라고 부르면 된다. 중국에 거주하고 있는 우리 민족은 재중동포 또는 중국동포라고 하면 된다. 중국인이 조선인이라 부르는 것은 차별이 아니라 구별일 수 있지만 우리가 부르는 조선족이란 명칭에는 차별의 의미가 들어 있다. 문맥이나 맥락에 따라 어쩔 수 없이 조선족이란 표현을 써야 하는 경우를 제외하고는 중국동포로 부르는 것이 합당하다.

우리나라에서
제일 높은 역은 어디일까

우리나라에서 가장 높은 역은 어디일까? 서울역이다. 전국의 모든 사람이 "서울로 올라간다"고 하니까 말이다. 강원도에서도, 부산에서도 모두 "서울로 올라간다"고 한다. 서울로 내려간다고 하는 사람은 없다. 실제로 우리나라에서 가장 높은 역은 태백선 추전역(해발 855m)이지만 서울로 내려간다고 말하는 사람은 거의 없다. 그렇다면 왜 서울(해발 약 50m)로 올라간다고 하는 것일까.

왕조시대 모든 중심은 수도인 서울(한양)이었다. 서울은 절대 권력인 왕이 거주하는 곳일 뿐 아니라 정치·경제·문화 등 한 나라의 요소들이 집중되는 곳이다. 백성들에게는 높은 곳을 상징하는 존재였다. 따라서 어디에서나 서울로 갈 때는 올라간다는 표현을 사용하게 됐다. 그러다 보니 "서울로 올라간다"는 말이 자연스레 입에 뱄다. 반대의 경우엔 "시골로 내려간다"고 한다.

올라간다는 말은 신분이 올라가거나 고위직으로 이동할 때도 쓰인다. 이 역시 "서울로 올라간다"처럼 지형적인, 물리적인 높이가 아니라 상징적 높이를 뜻하는 것이다. 한자어로도 상경(上京)이란 말이 있다. 지방에서 서울로 올라간다는 뜻이다. 반대의 경우에는 하경(下京) 또는 낙향(落鄕)이라고 한다. 왕조시대 서울은 높은 곳, 지방은 낮은 곳이라는 개념이 뿌리를 내리고 있었던 것이다.

요즘도 마찬가지다. 고속도로의 방향을 이야기할 때 상행선·하행선이란 말을 사용한다. 경부고속도로의 경우 상행선은 부산에서 서울 방향, 하행선은 서울에서 부산 방향이다. 주말이나 명절이 되면 "고속도로 하행선이 꽉 막혀 있다", "일요일에는 오전부터 상행선이 막힐 것으로 예상된다" 등처럼 쓰인다. 이 역시 서울을 중심으로 생각하기 때문에 붙은 명칭이다.

서울은 정치·경제·인구 등 국가의 모든 요소가 집중된 곳으로 그 중요성이 여전하므로 "서울로 올라간다"는 말은 아직도 어색하게 들리지 않는다. 여전히 가장 높은 역은 서울역이고 사람들은 오늘도 서울로 올라간다. 하지만 지방자치 시대 서울에 집중된 요소들을 가급적 지역으로 분산해야 한다. "서울로 올라간다"는 말부터 쓰지 않아야 지역 중심의 사고가 더욱 원활해질지도 모른다.

북한에서 온 사람들을
무엇이라 불러야 할까

과거에는 북한을 탈출해 남한으로 넘어온 사람이 많지 않았다. 당연히 그들을 대할 기회가 적었고 상당한 거리감을 느꼈다. 요즘은 TV에서도 북한을 탈출해 온 사람들이 출연하는 프로그램이 많아졌다. 안방에서 그들을 대하기가 쉬워졌고 그들과 느끼는 거리감도 많이 없어졌다. 북한에서 이주해 온 사람이 3만 명을 넘어섰다고 한다. 이들을 대할 때마다 늘 고민스러운 것이 이들을 부르는 용어다.

북한에서 남한으로 온 사람들을 부르는 명칭은 시기별로 크게 세 가지로 나뉜다. 광복 후 6·25 전쟁 때까지 넘어온 사람들은 흔히 실향민이라고 불렀다. 그 이후 체제경쟁이 본격화되면서 귀순자로 불렸고 5공 정권 시절 이후로는 귀순용사로 불렸다. 1990년대 중반 이후 북한에서 식량난이 본격화되면서 중국으로 넘어오는 북한 사람이 급격히 늘었고 남한으로 들어오는 북한 주민도 급증하면서 탈북자라는 새로운 용어가 생겨났다.

정부는 귀순자 또는 귀순용사가 냉전적 이미지가 강하다며 탈북자나 북한이탈주민으로 이름을 바꾸었다. 그러다 통일부는 남북한 간의 새로운 협력시대를 맞아 정치적 색채가 강한 탈북자를 대체하는 새로운 용어를 만든다면서 2005년 1월 새터민을 공식용어로 선정한다. 하지만 새터민은 여러 측면에서 비판이 일었다.

새터민은 조어법상으로도 문제가 있다. 용어가 선정될 당시 저자는 신문 지면에서 이 문제를 지적한 적이 있다. 정부는 새터민이 새로운 터전에서 삶의 희망을 갖고 사는 사람이란 뜻이라고 했다. 새터민은 '새(관형사)+터(터전)+민(民)'으로 이루어진 말이다. 그러나 새터민은 단어가 결합할 때는 '순우리말+순우리말' 또는 '한자어+한자어' 형태로 이루어진다는 기본 원칙을 무시한 것이다. '순우리말+한자어'로 된 단어는 예외적이어서 지극히 불편하게 느껴진다. 특히 새터민과 같이 '순우리말+민(民)'으로 구성된 단어는 없다. 거주민·교민·영세민·피난민·이주민·이재민 등 모두가 '한자어+민(民)'이다.

이 외에도 새터민을 두고 말이 많았다. 탈북자들에 대한 정신적·물질적 대우가 중요하지 용어를 바꾼다고 뭐가 달라지느냐, 북한 체제를 거부하고 자유를 찾아온 사람을 먹고살기 위해 찾아온 경제 난민 취급하는 것이냐는 등 부정적 시각이 적지 않았다. 탈북 단체에서도 새터민이란 용어를 썩 달가워하지 않았다. 정치적 색채가 완전히 배제돼 정체성이 사라졌기 때문이라고 했다. 이로 인해 많은 탈북자들이 한국 사회에서 더 무시당한다고 생각한다는 것이다.

어쨌거나 이후에 새터민은 정부 문서나 신문 기사 등에서 사용하려는 노력이 없지는 않았지만 자리를 잡지 못하고 탈북자나 공식 용어인 북한이탈주민이란 말이 도로 쓰였다. 그러다 최근 들어 부쩍 사용 빈도가 늘어난 것이 탈북민이다. 탈북민이라면 북한이탈주민의 줄임말이라 생각해 볼 수도 있지만 탈북국민이라는 이미지로 다가오기도 한다. 한자어 '민(民)'이 국민이라는 의미를 담고 있기 때문이다.

탈북민이 지금까지 나온 용어 가운데 가장 나아 보인다는 것이 대체적 평가다. 그러나 이 용어도 문제점이 없지는 않다. 탈북민의 '민'을 국민이라는 의미로 받아들인다면 무사히 한국에 들어와 정착한 사람들에게는 어울리지만 북한을 탈출해 아직도 중국 등지에서 떠도는 사람들에게는 맞지 않다. 그러나 노숙자를 노숙인, 장애자를 장애인이라 하듯이 '자'자를 버리는 추세를 감안하면 탈북자보다 탈북민이 조금은 나아 보인다.

취업 재수생
울리는 신조어

대학 4학년 졸업반인 박모씨는 취업하기 위해 대기업 등 몇 군데 원서를 내봤지만 모두 서류 전형에서 떨어졌다. 서류를 통과해 면접이라도 가야 조금은 가능성이 보일 텐데 한 군데도 면접에 오라는 곳이 없으니 앞이 캄캄하다. 점점 악화되는 경제 상황으로 봐서는 당분간 취업이 어려워질 것 같은데 졸업을 유예해야 하는지 고민이다. 졸업하면 백수가 될 수 있어서다. 같은 과 학생 50명 가운데 취업이 된 사람은 고작 10명 남짓이고 나머지는 모두 박씨와 같은 신세다.

4년제 대학 졸업생을 포함한 우리나라 청년(15~29세) 실업률이

2017년 처음으로 10%를 돌파할 것이 확실시된다는 분석까지 나온다. 세계 시장의 불확실성과 내수 경기 침체로 경제가 더욱 어려워지면서 기업들은 점점 채용 규모를 줄이는 추세다. 대학을 졸업하고 첫 직장을 잡기까지 평균 1년 정도 걸린다는 점을 감안하면 박씨도 앞으로 1년을 더 백수로 지낼 가능성이 크다.

박씨처럼 대학을 졸업하고도 직장을 얻지 못한 사람들을 더욱 힘들게 하는 것은 가족과 사회의 싸늘한 시선이다. 명절에도 고향에 가지 못하는 사람이 부지기수다. 무엇보다 주위로부터 백수라는 말이 듣기 싫다고 한다. 무능한 데다 빈둥거리며 놀고먹는다는 이미지를 심어 주기 때문이다. 백수(白手)라는 단어는 그 자체로는 맨손이라는 뜻이지만 백수건달(白手乾達)과 같은 의미로 주로 사용된다. 돈 한 푼 없이 빈둥거리며 놀고먹는 건달이란 뜻이다. 박씨와 같이 직장을 얻지 못한 사람들에게 붙는 말은 백수 말고도 계속 늘어나고 있다.

이태백은 이제 옛말이고 요즘은 이구백이 유행하고 있다. 20대의 90%가 백수라는 얘기다. 십오야(15세만 되면 앞이 캄캄해진다)에 이어 십장생이란 말도 생겼다. 10대를 향한 20대의 경고로 10대들도 장차 백수를 생각해야 한다는 것이다.

공무원 시험에 학생들이 몰리면서 고시촌·고시족 대신 공시촌·공시족이란 말도 생겼다. 오랜 기간 공무원 시험을 준비하면서 지친 사람을 '공시 폐인', 이렇게 공무원 시험을 준비하다 사귄 쌍을 '공시 커플'이라 부른다고 한다. 취업난은 새로운 문화도 만들어 냈다. 면접을 보기 위해 상경하는 지방대생들은 인터넷으로 알음 알음 'KTX 풀족'이 돼 단체 할인도 받고, 함께 올라오면서 면접 정보도 나눈다는 것이다.

최근에는 3포세대(연애·결혼·출산 포기)에 이어 5포세대(3포세대+내 집 마련, 인간관계 포기), 7포세대(5포세대+꿈·희망 포기)에서 더 나아가 N포세대란 말도 생겼다. 특정 숫자로 나타낼 수 없을 정도로 포기해야 할 일이 너무 많은 세대라는 뜻에서 나온 말이다. 이런 말들은 어려운 현실과 냉소를 함께 담고 있어 누구에게나 씁쓸하게 들리기도 하지만 특히 당사자들에게는 가슴을 찌르는 말로 다가온다.

전문가들은 쏟아지는 대학 졸업생들의 일자리를 창출하기 위해서는 연간 8%의 경제성장이 필요하다고 한다. 하지만 정부가 2017년 제시한 성장 목표는 2.6%다. 이마저 희망사항이고 2%에 이를 것이라도 전망도 있다. 어쨌거나 취업상황은 점점 어려워지고 취업을 하지 못한 젊은이들을 부르는 신조어는 계속 만들어지고 있다. 세태를 반영한 신조어가 생성되는 것을 막을 수는 없지만 이러한 단어를 무턱대고 사용하지는 말아야 한다. 그들 역시 어떤 면에서는 사회의 피해자이므로 백수라 부르면서 상처를 주지는 말아야 한다.

제2장

상사가 차마 지적하지 못하는
직장생활 단어

가정만큼이나 중요한 곳이 직장이다. 가정에서 머무는 시간 다음으로 많은 시간을 보내는 곳이 직장이기도 하다. 또 직장은 경제적으로 가정을 꾸려 나가기 위해 반드시 필요한 곳이다. 그만큼 우리 삶에서 직장이 차지하는 비중이 크다. 직장은 상하와 수평으로 이루어진 조직이다. 위로는 상사가 있고 아래로는 후배가 있다. 비슷한 연배나 같은 직급의 동료들도 있다. 이들과 유기적이면서도 원활한 관계를 이루어 나가야 한다.

직장에서 가장 중요한 것이 언어 예절이다. 수십에서 수백 명에 이르기까지 많은 직원을 매 순간 마주하면서 그들을 각각 어떻게 불러야 할지 고민스럽다. 특히 사장 등 높은 사람에게 자신의 부장을 이야기할 때 어떻게 부르는 것이 예의에 맞는지 어렵다. 호칭뿐만이 아니다. "수고하세요"라는 인사말을 윗사람에게 해도 될까? 윗사람에게는 "밥 한번 먹자" 대신 "식사 한번 하시지요"라고 하면 될까? 참으로 어렵다.

회장님 말씀은
계실 수 없다

시무식이나 창립 기념일 등 회사에 큰 행사가 있을 때에는 회장이
나 사장이 나와 한 말씀 하신다. 이럴 때 사회자가 회장을 소개하
면서 "회장님 말씀이 계시겠습니다"고 하기 일쑤다. "말씀이 있겠습
니다"보다 높여 얘기하려다 보니 "말씀이 계시겠습니다"라는 표현
이 나온다. 축하하는 행사라면 "회장님 축사가 계시겠습니다" 등과
같은 표현도 나올 수 있다. 이런 말은 "교장 선생님 말씀이 계시겠
습니다"처럼 학교 졸업식이나 입학식에서도 자주 듣던 것이다.

그러나 '있다'의 높임말이 항상 '계시다'인 것은 아니다. 주체를
직접 높일 때만 '계시다'가 쓰인다. "부모님은 시골에 계신다", "교

수님은 지금 연구실에 계신다"처럼 주체의 존재나 상태를 나타내는 말일 때는 직접 높임이므로 '계시다'를 사용해야 한다. "아버님은 주무시고 계신다", "손님들은 지금 식사하고 계신다"와 같이 주체의 동작이 진행됨을 나타낼 때도 직접 높임이므로 '계시다'가 쓰인다.

이와 달리 주체의 일부분이나 주체와 관련된 사물을 높일 때, 즉 간접 높임에는 '-(으)시'가 사용되므로 '있다'를 '있으시다'로 해야 한다. "아버지는 재산이 많이 있다"를 높임말로 바꿔 보면 금방 알 수 있다. "아버지는 재산이 많이 있으시다" 또는 "아버지는 재산이 많으시다"고 하지 "아버지는 재산이 많이 계시다"고 하는 사람은 없다. "그분은 실력이 있다"도 "그분은 실력이 있으시다"로 해야지 "그분은 실력이 계시다"고 하면 몹시 어색하다.

"회장님 말씀이 계시겠습니다" 역시 주체(회장님)와 관련된 것(말씀)을 높이는 간접 높임이므로 "회장님 말씀이 있으시겠습니다(있겠습니다)"고 해야 한다. 아예 말을 바꿔 "회장님이 말씀하시겠습니다"로 해도 된다. "회장님 축사가 계시겠습니다"는 "회장님 축사가 있으시겠습니다(있겠습니다)" 또는 "회장님이 축사를 하시겠습니다"로 바꾸면 된다. 잘못된 높임말이나 과도한 높임말은 자칫 거부감을 줄 수 있으므로 주의해야 한다.

윗사람은 밥이 아니라
진지를 드신다

직장인이 가장 많이 하는 거짓말 가운데 하나가 "언제 밥 한번 먹자"라고 한다. 실제 회사에서 엘리베이터를 타고 내려가다 오랜만에 아는 사람을 만나면 가장 쉽게 튀어나오는 인사가 "밥 한번 먹자"다. 저자도 이런 말을 자주 하는 편이고 또 엘리베이터에서 남들이 이런 말을 하는 것을 많이 듣기도 한다. 뻔한 거짓말이 될 수도 있지만 인간관계에서는 빼놓을 수 없는 하얀 거짓말이다.

직장에서는 이처럼 '밥'과 관련한 인사를 많이 한다. "밥 한번 먹읍시다" 대신 "식사 한번 합시다"는 말을 쓰기도 한다. 그렇다면 '밥'과 '식사'의 차이는 무엇일까? 사전적으로 본다면 밥은 쌀·보리 등 곡식을 씻어 솥 등의 용기에 넣고 물을 알맞게 부은 뒤 끓여서 익힌 음식을 가리킨다. 넓은 의미에서는 끼니로 먹는 음식을 지칭하기도 한다. "밥 한번 먹읍시다"고 했을 때는 끼니로 먹는 음식을 의미하는 것으로 봐야 한다.

'식사(食事)'는 끼니로 먹는 음식 또는 끼니로 음식을 먹는 행위를 뜻한다. 밥을 넓은 의미에서 보면 식사나 마찬가지다. 밥과 식사가 의미상 별반 차이가 없다. 하나는 순우리말이고 하나는 한자어일 뿐이다. 일반적으로 식사가 조금 점잖은 표현이 아닐까 생각하지만 사전적으로 의미상 차이는 없다. 단어 구성으로 봐도 먹을 식(食)에 일사(事)로 식사가 특별히 다른 의미를 내포하고 있는 것은 아니다.

때에 따라서는 식사라는 표현이 적절한 경우도 있다. 밥과 반찬으로 이루어진 우리 전통적인 식사를 하는 경우가 아니라 피자나 스파게티, 햄버거를 먹는 경우 "자 밥 먹읍시다"라고 하면 좀 어울리지 않는다. 이때는 "자 식사합시다"고 하는 것이 더 자연스럽다. 밥에는 아무래도 쌀을 가지고 밥을 지어 먹는 행위와 관련된 식사 방법이 연상되기 때문에 밥이 아닌 다른 메뉴를 먹을 때는 식사라는 표현이 더욱 자연스럽게 된다.

어쨌거나 "밥 한번 먹읍시다"나 "식사 한번 합시다"는 동일한 의미로 볼 수 있다. 그렇다면 "식사 한번 합시다" 역시 "밥 한번 먹읍시다"라고 편하게 말할 수 있는 상대에게만 쓸 수 있는 표현이라는 얘기가 된다. 윗사람에게 "밥 한번 먹읍시다"라고 할 수 없으므로 마찬가지로 윗사람에게 "식사 한번 합시다"라고 말할 수 없다. 둘 다 평이한 표현이어서 윗사람에게 얘기하기에는 부적절한 말이다. 이러한 사실을 모르고 윗사람에게 "식사 한번 하시지요"라고 말하는 경우가 있는데 이는 "밥 한번 하시지요"라고 하는 것과 같아 예의에 어긋나는 표현이라 할 수 있다.

밥의 높임말은 '진지'다. "아버님, 진지 드세요"처럼 쓰인다. 그렇다면 직장 상사에게도 밥이나 식사라는 말 대신 진지라는 말을 사용해야 한다. 다만 진지라는 말이 격식을 따지는 듯해 바로 위 고참 등 친밀한 윗사람에게 사용하기는 좀 뭣한 측면이 있다. 옆에 있는 2년 고참에게 "진지 드셨어요"라고 하는 것은 어색할 수 있기 때문이다.

만약 신입사원이 부장이나 본부장, 또는 사장에게 말하는 경우라면 "진지 드셨어요"라고 해야지 "식사 하셨어요"라고 하면 안 된다. "밥 먹었어요"라고 묻는 것과 마찬가지이기 때문이다. 나와 나이 차이가 많이 나는 고참이나 윗사람에게도 "식사 하셨어요", "식사 하세요"가 아니라 "진지 드셨어요", "진지 드세요"라고 하는 것이 공손하고 예의 있는 표현이다.

'님'자에 관한
불편한 진실

직장에서 상관인 김길동 선배를 부를 때 '김 선배님'이라고 하는 것이 좋을까, 아니면 '님'자를 빼고 그냥 '김 선배'라고 하는 게 좋을까? 아마도 직장 문화에 따라 '김 선배님' 또는 '김 선배'로 서로 호칭이 다르리라 생각한다. 언론사에서는 일반적으로 '김 선배님'이 아니라 그냥 '김 선배'라고 부른다. "김 선배, 출입처에 좀 다녀올게요" 하는 식이다.

차장·부장 직함을 가진 상사에게도 '김 차장님', '김 부장님'이라고 하지 않고 '김 차장', '김 부장'이라고 부른다. "김 차장, 10분 뒤에 기사 넘기겠습니다", "김 부장, 이번에는 제가 직접 가 보겠습니다"라고 말하는 식이다.

"부장께서는 어떻게 생각하세요?", "사장께서 이번에 저희 부서를 신경 써 주셔서 감사합니다"처럼 무엇을 여쭈어 볼 때는 '부장님은', '사장님은'이 아니라 '부장께서는', '사장께서는' 등처럼 존칭인 '-께서는'을 붙여 얘기한다.

이처럼 '님'자를 붙이지 않는 것에 대해 의아해 하는 사람이 있을 수 있다. 실제로 저자가 다른 회사에 가서 "김 차장 계세요"라고 했다가 그의 부하직원으로부터 "김 차장님이라고 불러 주세요"라는 말을 들은 적도 있다.

'선배님', '차장님'이라고 하지 않는 이유는 '선배'와 '차장' 자체가 호칭인 동시에 존칭이 포함돼 있다고 보기 때문이다. '선배'란 같은 분야에서 지위나 나이, 학식 등이 자기보다 많거나 앞선 사람을 일컫는 말이다. 자신의 출신 학교를 먼저 입학한 사람을 가리키기도 한다. 그러다 보니 학교 선배, 동아리 선배, 직장 선배 등 다양하다. 나보다 앞선 이들을 '선배'라고 부르는 자체가 앞선 사람으로서 존중한다는 의미를 내포하고 있다. "김 선배, 도와주셔서 감사합니다"라고 표현해도 그를 존중하는 데 전혀 문제가 없다.

'차장', '부장'은 직급(직책)이다. 직급을 이름 뒤에 붙이는 것도 그 자체가 호칭이자 존칭이 된다. "김 차장, 일찍 나오셨네요"라고 해도 전혀 문제가 없는 표현이다. 어떤 사람은 '선배' 자체가 상대를 높여 이르는 말은 아니라고 주장한다. 따라서 상대를 높이고자

한다면 '높임'의 뜻을 더하는 '님'자를 붙여 '선배님'과 같이 표현해야 한다고 하는 사람이 있다. 이런 사람은 호칭마다 꼬박꼬박 '님'자를 붙일 것을 강조한다.

하지만 언어의 가치는 간결성에 있다. 군더더기가 없는 표현이 더욱 가치가 있다. '님'자를 붙인다고 그를 진심으로 존중하는 것이 아니다. 선배님·차장님·부장님이라고 하는 식으로 '님'자를 꼬박꼬박 붙이는 습성을 들이다 보면 문제가 생길 수도 있다. '님'자를 남용하다 보면 제삼자에게 얘기할 때도 아무 생각 없이 '님'자를 붙이게 된다.

"새로 온 선배님이 잘해 주셔서 조금 덜 힘들다", "그 프로젝트는 직속 부장님이 아니라 실무 부장님의 지시를 받고 있어 마음이 편치 않았다"고 말하는 경우는 직접 그를 부르는 것이 아니라 제삼자에게 말하는 것이기 때문에 특히 '님'자가 필요 없다. 자신이 그를 그렇게 부른다고 해서 남들도 그를 그렇게 부르는 것이 아니기 때문에 불편하게 다가온다. "새로 온 선배가 잘해 주어 조금 덜 힘들다", "그 프로젝트는 직속 부장이 아니라 실무 부장의 지시를 받고 있어 마음이 편치 않았다"고 하는 것이 사적인 관계를 배제한 객관적인 표현이다.

"사장님께서는 해외 영업을 직접 총괄하면서 현지 법인에 많은 지원을 해 주고 계시다" 역시 다른 사람에게 말하는 경우라면 "사장은 해외 영업을 직접 총괄하면서 현지 법인에 많은 지원을 해 주고 있다"고 표현하는 것이 적절하다. 평소 회사 내에서 직원들끼리 얘기하듯이 사장에 대한 존대 표현을 사용하면 말이 사적인 감정에 좌우되는 듯한 느낌을 줄 수 있다. 사적으로 이야기할 때처럼 감정이 개입된 듯하면 신뢰성이 떨어진다. 존대 표현을 마구 사용하면 듣는 사람을 고려하지 않은 듯한 느낌을 주기도 한다. 말하는 사람이 그를 존경한다고 해서 듣는 사람이 모두 그를 존경하는 것은 아니다.

사극에서 "장군, 죽여 주십시오"라고 하는 것을 보았는데 이것은 아주 적절한 표현이다. "장군님, 죽여 주십시오"라고 하면 '장군님'의 '님'이 사족이 돼 맛이 나지 않는다. 이 역시 장군이라는 호칭 자체에 존경의 의미도 내포돼 있으므로 굳이 '장군님'이라고 부를 필요가 없다. "이순신 장군님은 문무를 겸비하신 인물이셨다"도 '님'을 빼고 "이순신 장군은 문무를 겸비한 인물이다"고 객관적으로 얘기해도 아무 문제가 없다.

'대통령님'이라 부르는 것도 마찬가지다. 대통령 자체가 호칭이자 존칭으로 볼 수 있는데 굳이 '님'자를 붙여 부르는 것은 몹시 어색하다. "대통령님의 지시가 있었다"고 표현하는 경우 '님'자는 불필요하다. "대통령의 지시가 있었다"고 말한다고 해서 대통령을 존중하지 않는 것이 아니다. "대통령님께서 그렇게 말씀하셨다"고 하는 경우도 있는데 이 역시 "대통령께서 그렇게 말씀하셨다"고 얘기해도 충분한 표현이다.

회사로 다시 돌아가면 회사에서 고객을 대할 때 보통 '고객님'이라 부른다. 물론 면전에서는 '고객님'이라 부를 수 있다. 하지만 "우리 회사는 고객님을 최우선으로 한다"처럼 면전이 아니라 일반적으로 지칭할 때까지 '고객님'이란 말을 사용한다. 이럴 때는 객관적으로 '고객'이라고 하는 것이 알맞은 말이다. '고객님 우선'이 아니라 '고객 우선'이다. '님'자를 억지로 붙이면 실질적인 고객 존중보다는 과도한 존칭으로 입으로만 고객을 존중하는 것 같아 거부감이 들기도 한다.

사내에서 상호 존중하는 문화를 조성하기 위해 후배에게도 반드시 '님'자를 넣어 부르라고 하는 회사가 있다. 어떤 회사는 아예 직급 호칭을 없애고 '님'자로만 부르기도 한다. 몇 개 대기업이 이렇게 시행하고 있고 정보기술(IT) 업체 가운데 이런 곳이 많다. 대체로 회사에서 다른 사람을 부를 때 '님'자를 권장하는 추세다.

그러나 이러한 실험은 별로 효과가 없는 것으로 나타나고 있다. 직급을 없애고 '님'자로 부른다고 해서 경직된 구조와 수직적 기업문화가 바뀌는 것이 아니다. 오히려 '님'자를 없애야 한다. 선배님 · 과장님 · 부장님 등에 불필요하게 붙는 '님'자를 없애는 것이 수직적 문화를 탈피하는 길이다. 정확한 호칭이 중요한 것이지 '님'자가 중요한 것이 아니다.

아랫사람의 직함은
그냥 있는 게 아니다

직장에서 윗사람을 부를 때 굳이 '님'자를 꼬박꼬박 붙여서 부를
필요는 없다고 앞서 얘기했다. 그렇다면 아랫사람을 부를 때는 어
떻게 해야 할까? 아랫사람을 부를 때는 일반적으로 'ㅇㅇㅇ씨'라고
한다. 특히 아랫사람이 직함이 없을 경우에는 이렇게 'ㅇㅇㅇ씨'라
고 부르는 수밖에 없다.

아랫사람이 직함이 없을 경우 '님'자를 넣어 'ㅇㅇㅇ님'이라 불
러야 한다고 주장하는 사람이 있으나 이는 현실을 무시한 형식 논
리다. 우리 언어생활에서 아랫사람에게 'ㅇㅇㅇ님'이라고 부르는
것은 지극히 어색하고 작위적인 느낌을 준다.

사전에도 '님'자가 이런 용법으로 쓰이는 예가 없다. 온라인상에서 '○○○님 입장하셨습니다', '○○○님 퇴장하셨습니다'고 할 때나 어울리는 말이다. 따라서 부하직원에게 '님'자를 붙여 부르는 것은 억지스러운 존칭이다. 서로 존중하는 것을 나타내기는커녕 영혼 없는 존칭으로 더욱 삭막함을 줄 수도 있다.

직함이 없는 아랫사람을 부르는 경우 '씨'를 붙이는 것이 적절하다. '씨'는 그 사람을 높여 부르는 말로, 대체로 동료나 아랫사람을 부를 때 쓰인다. 따라서 남녀를 불문하고 아랫사람을 부를 때는 '○○○씨'라고 하는 것이 가장 적당하다. 아랫사람이 주임이나 대리, 과장 등 아무 직함이 없다면 그냥 '홍길동씨'라고 부르는 식이다.

문제는 직함이 있는데도 불구하고 입버릇처럼 '○○○씨'라고 부르는 경우다. 부하직원이 엄연히 대리·과장 등 직함을 달고 있음에도 이를 무시하고 항상 '○○○씨'라 부르는 사람이 있다.

그러나 이는 곤란하다. 부하직원의 직위와 그 직위에 어울리는 역할과 책임, 권위 등을 깡그리 무시하는 듯한 호칭이다. 직함이 없는 경우야 어쩔 수 없지만 직함이 있는 경우 '○○○ 과장', '○○○ 대리' 하는 식으로 반드시 직함을 넣어 불러야 한다. 즉 '김길수 과장' 또는 '김 과장', '이민영 대리' 또는 '이 대리'라고 호칭해야 한다.

윗분에게 술 대신
약주를 권하자

저자가 회사에 입사한 것은 1987년이다. 경제가 계속 발전해 나가던 시기였고 88올림픽을 목전에 두고 있는 때였다. 당시는 언론사 사람들이 술을 엄청 마셨다. 물론 지금도 타 회사에 비하면 그런 편이지만 당시에는 거의 매일 술을 마시다시피 했다. 선배가 후배에게 술을 사 주는 것을 미덕으로 여겼다.

당시 저자가 일하는 신문사가 석간이어서 낮 12시 30분쯤 초판이 나가면 특별한 일이 없는 한 일부를 제외하고는 사실상 하루 일과가 끝나는 것이나 마찬가지였다. 그래서 초판이 끝나고 점심을 먹으면서 시작된 술은 저녁까지 연결되고 새벽까지 이어지는 경우가 다반사였다. 아침은 늘 회사 앞 해장국집에서 먹기 일쑤였다.

　일반 회사에서도 회식 등 공식적으로 술을 마실 일이 종종 있다. 회식을 하는 경우 대체로 부서의 장이 참석한다. 가까운 동료끼리 하는 경우도 있겠지만 일반적으로 회식이라고 하면 부서 전체 등 대체로 조금 큰 단위에서 윗사람을 모시고 하는 경우가 많다. 나이 지긋한 전무를 모시고 회식을 하는 경우라고 가정해 보자. 알다시피 이런 자리는 내 기분대로 먹고 마시는 것이 아니다. 전체적인 분위기를 생각해 그에 맞추어야 하고 때로는 흥을 돋우면서 분위기를 리드해 나가야 한다.

　전무가 계시다면 부하직원으로서는 술을 한잔 올리는 것이 좋은 방법이다. 특히 신입사원이라면 평소에 자주 뵐 기회가 없으므로 이번에 술을 한잔 올리면서 눈도장도 찍고 분위기도 살릴 겸 아주 좋은 기회다. 전무 옆으로 자리를 옮겨 술병을 들고 한잔 따르면서 "전무님, 제가 술 한잔 올리겠습니다"라고 한다면 어떻게 될까? 이렇게 말했다가는 점수를 따기는커녕 본인의 의도와는 달리 점수를 잃게 될지도 모른다. 괜스레 좋게 보이려고 나섰다가 미움을 살 수도 있다. 전무가 속으로 이렇게 생각할지도 모른다. '내가 네 친구냐? 술을 올린다고 하게'라고 말이다.

　수십 년 아래인 신입사원이 자신에게 '술'이라는 말을 썼기 때문이다. 술은 평범한 말이다. 이럴 때는 술이 아니라 '약주'라고 해야 한다. 약주는 술을 점잖게 이르는 말로 윗사람에게 이야기할 때는 약주가 적절하다. 그래야 윗사람을 높이는 것이 된다. 따라서 "제가 술 한잔 올리겠습니다"가 아니라 "제가 약주 한잔 올리겠습니다"고 해야 한다. 이렇게 얘기했으면 전무는 속으로 '아 그 젊은 친구가 참 예의도 바르구먼'이라고 생각했을 것이다.

회식 자리에서뿐 아니라 회사에서도 윗사람에게 얘기할 때는 약주라고 해야 한다. 어젯밤에 윗사람이 술을 많이 마셔 피곤해 보인다면 "어제 약주 많이 하셨어요?" 또는 "어제 약주 많이 드셨어요?"라고 인사를 건넬 수 있다. 공연히 "어제 술 많이 하셨어요?"라고 한다면 윗사람은 '그래 많이 마셨다. 어쩔래'라고 되뇌일지도 모른다. 몇 년 차이 나지 않는 고참에게 술 대신 약주라고 하는 것은 어울리지 않을 수 있지만 연배가 많이 차이 차는 윗사람이라면 반드시 약주라고 해야 한다.

자문은 어디서도
구할 수 없다

회사에서 중요한 문제가 있을 때는 자문 변호사에게 물어보기도 하고 교수 등 각계 전문가들의 의견을 듣기도 한다. 또 은행이나 증권사, 보험사 등은 고객들이 원하는 정보를 제공하고 고객들의 궁금한 점에 대해 답변해 주기도 한다. 이처럼 어떤 일을 처리하면서 자신의 판단만으로 결정을 내리기엔 부족하다고 느낄 때 그 분야의 지식과 경험을 가진 사람을 찾아 의견을 묻게 된다.

이런 경우 보통 '-에게 자문을 구한다'고 말한다. "변호사에게 자문을 구했다", "전공 교수에게 자문을 구했다", "보험 전문가에게 자문을 구했다" 등처럼 사용된다. 자문(諮問)은 물을 자(諮)와 물을

문(問)자로 이뤄진 단어다. 어떤 일을 좀 더 효율적이고 바르게 처리하려고 그 방면의 전문가나 전문가들로 이뤄진 기구에 의견을 묻는 것을 가리킨다. 한마디로 무엇을 묻는 게 자문이므로 '자문을 구하다'는 표현은 적절치 않다. 답을 구할 수는 있어도 물음(질문)을 구할 수는 없기 때문이다.

따라서 "변호사에게 자문을 구했다"는 "변호사에게 자문했다"고 해야 한다. "전문가에게 자문을 구한 결과 전망이 그리 밝지 않다는 견해가 나왔다"는 "전문가에게 자문한 결과 전망이 그리 밝지 않다는 견해가 나왔다"가 적당한 표현이다. 그래야 '변호사에게 물었다' 또는 '전문가에게 물은 결과'라는 의미가 된다. '구하다'는 표현을 꼭 넣고 싶다면 자문이란 단어를 사용하지 말고 조언(助言)이란 말을 써야 한다. 즉 "변호사에게 조언을 구했다"고 하면 된다.

'자문'이란 말에는 전문성에서 오는 무게나 품위 같은 것이 느껴지기 때문에 '질문'이란 어휘와는 차별성 있게 와닿는 측면이 있다. 그래서 회사나 기타 단체의 행위뿐 아니라 전문성을 띠는 개인들의 일상사에서도 많이 사용하는 단어다. 이 용어를 바르게 사용하려면 물음의 주체가 누구인지를 생각해야 한다. 내가 남에게 조언을 구하거나 의견을 묻는 건 자문을 하는 것이다. 상대방이 그 문제에 관해 자기 의견을 제시하는 건 자문에 응하는 것이다.

이렇듯 자문은 많이 쓰이기는 하지만 조금은 어려운 한자어다. 일반적으로 문제가 되는 것이 '-에게 자문을 구한다' 형태이므로 이것이 아니라 '-에게 자문한다' 형태가 돼야 한다는 것을 기억하면 좋다. 그래야 '자문'의 의미에 맞게 '-에게 묻는다'는 뜻이 된다. 그리고 누구에게 자문하면 그것에 대답해 주는 사람은 '자문에 응한다'는 형태로 쓰인다는 것을 기억해 두면 된다.

더욱 간단한 방법은 '자문'의 용법이 헷갈릴 경우 쉬운 말로 바꿔 쓰는 것이다. '자문하다-자문에 응하다'가 혼동되면 '조언을 구하다-조언하다', '도움말을 구하다-도움말을 주다', '의견을 묻다-답변하다' 등 쉬운 말로 바꿔 쓰면 된다. 물론 자문은 조언에 비해 좀 더 전문적인 집단이나 사람에게 의견을 묻는 것이라는 점에서 어감엔 다소 차이가 있다.

윗사람은 결코
수고하지 않는다

직장인 2년차인 박모씨는 어느 날 모임이 있어 양해를 구하고 먼저 퇴근하게 됐다. 자리에서 일어나 나가면서 직속 부장에게 "수고하세요"라고 인사를 했다. 그랬더니 부장은 "내가 네 후배냐? '수고하세요'라고 하게"라고 얘기하며 화를 내는 것이었다. 박씨는 무슨 영문인지 몰라 어리둥절했다. 아마도 자신이 먼저 퇴근한다고 부장이 저렇게 화를 내는 것이라 생각했다. 하지만 문제는 "수고하세요"라는 인사에 있었다. 박씨는 이 인사에 아무 문제가 없다고 생각하지만 부장은 달랐던 것이다.

부장의 생각은 이런 것이었다. 격려하는 차원에서 건네는 인사인 "수고하세요"가 아무 상대에게나 쓸 수 있는 인사법이 아니라는 것이었다. 원래 '수고'의 어원은 '슈고'라고 한다. 15세기 문헌에 처음 등장한다. 한자로는 '受苦'라 썼고 고통을 받는다는 뜻이었다. 16세기 이후 지금처럼 힘을 들이고 애를 쓴다는 의미로 바뀌었다. 고통을 받는 것이나 힘을 들이고 애를 쓰는 것이나 크게 차이가 없으므로 원래 의미가 크게 바뀐 것은 아니다.

어쨌거나 표준국어대사전은 '수고'를 일을 하느라고 힘을 들이고 애를 씀 또는 그런 어려움이라고 풀이해 놓았다. "수고를 끼쳐 죄송합니다", "수고를 아끼지 않았다", "먼 길을 오느라 수고가 많았다" 등처럼 쓰인다. 이렇게 '수고'가 명사로 쓰일 때는 의미나 용법이 일반적으로 생각하는 것과 일치하기 때문에 크게 문제될 것이 없다.

문제는 '수고하다'처럼 동사로 쓰일 때다. '수고하다'는 일을 하느라고 힘을 들이고 애를 쓴다는 의미다. "목표를 달성하기 위해 수고하는 것을 고맙게 생각한다" 또는 "우리 부서를 도와주느라 수고했다"고 할 때는 '수고하다'가 단어 자체의 의미에 부합하게 정확히 쓰인 것이다. '수고하다'는 좀 더 쉽게 풀이하면 '고생하다'와 비슷한 의미라 볼 수 있다. 여기까지도 사용에 크게 어려움을 겪을 게 없다.

"수고하세요"라고 인사하는 경우가 논란이다. '수고하다'가 힘을 들이고 애를 쓴다는 뜻이므로 '수고하세요'는 '힘을 들이고 애를 쓰세요'라고 말하는 것이나 다름없다. 따라서 아랫사람에게 이렇게 인사를 건네는 것은 괜찮다고 할지 몰라도 윗사람에게 하는 것은 곤란하다. 국립국어원은 〈표준언어예절〉에서 '수고하세요'는 듣는 사람의 기분을 상하게 할 수 있으므로 윗사람에게 써서는 안 되는 말이라고 설명한다.

국어원은 '수고'에는 아랫사람이 윗사람에게 쓰지 못하는 특별한 제약이 있다고 밝히고 있다. 이러한 제약이 생긴 것은 '수고'가 본래 고통을 받음이라는 부정적 의미를 함축하고 있기 때문이라고 설명한다. 따라서 부정적 의미를 담고 있는 단어를 윗사람에게 사용할 수는 없다는 것이 국어원의 입장이다. 듣는 사람이 기분이 상할 수 있으니 "수고하세요", "수고하십니다"뿐 아니라 "고생하십니다"도 윗사람에게 사용하지 말라고 권하고 있다.

부장은 박씨에게 이러한 사실을 설명했다. 박씨는 이제 부장이 화를 낸 이유를 알게 됐다. 그렇다면 대안은 무엇인가. "수고하세요"가 안 되면 윗사람에게 무슨 말로 인사를 해야 하나?

그것이 정말 문제로다. 국어원은 공적 관계에서, 또는 윗사람에게 '수고하세요'라는 표현을 써야 할 경우 상황에 따라 적절한 다른 인사를 찾아야 한다고 설명한다. 박씨처럼 아랫사람이 일하는 윗사람을 두고 자리를 떠난다면 "수고하세요" 대신 "내일 뵙겠습니다", "안녕히 계세요", "먼저 가겠습니다" 등과 같이 다른 말로 인사를 건네라는 것이다.

그러나 현실은 "내일 뵙겠습니다"나 "안녕히 계세요"가 다소 형식적인 말이어서 "수고하세요"처럼 살갑게 들리지 않는다는 점이다. 영혼 없는 인사로 다가올 수 있다. "먼저 가겠습니다"는 박씨의 상황과 맞으므로 괜찮을 듯하나 이 역시 남아 있는 사람들을 직접적으로 배려하는 인사는 아니어서 만족스럽지 못하기는 마찬가지다. 그러다 보니 '수고하세요'라는 인사에 대한 국어원의 해석에 불만을 나타내는 사람도 적지 않다.

'수고하세요'를 '고생하세요'처럼 풀이해 윗사람에게 사용할 수 없다고 하는 것은 확대 해석이고 비약이라는 견해다. 언어도 생명체와 같아 태어나고 변화하고 사멸하기도 한다. '수고하세요'가 이미 인사로 두루 쓰이고 있는 현실에서 원래 의미에만 집착해 안 된다고 하는 것은 문제가 있다는 입장이다. 더군다나 대체어를 마땅히 제시하지 못함으로써 이러한 반론을 쉽게 허용하고 있다.

물론 "수고하세요"가 윗사람에게 써서는 안 된다는 국어원의 입장도 충분히 타당하다. 또 현실을 인정해야 한다는 반론도 나름대로 일리가 있다. 하지만 박씨가 "수고하세요"라고 했다가 부장에게서 혼이 난 것처럼 아직까지 "수고하세요"를 원래 의미에 맞게 써야 한다고 생각하는 사람이 적지 않다. 국어원이 결정하고 해석한 것은 언어 규범으로 우리 국민 모두가 지켜야 할 사항이다. 일단 "수고하세요"는 윗사람에게 사용하지 말고 자기 나름대로 상황에 맞는 좋은 인사말을 찾아보자.

자신감 없는 자의
유체이탈 화법 '같아요'

입사 1년차인 김모씨는 회사 내 별명이 '같아요'다. "이거 오늘 중
으로 해야 할 것 같아요", "결재를 미리 받아야 할 것 같아요", "영업
부에 전달하는 게 좋을 것 같아요" 등처럼 말끝마다 '같아요'를 붙
이기 때문이다. 자신감이 없어 보이고 흐리멍덩해 보인다고 선배
들에게 혼나기 일쑤이지만 이러한 말버릇을 고치지 못하고 있다.
아마도 본인은 겸손하게 표현한다고 이렇게 말하는지도 모르겠다.
　'같아요'란 말을 많이 사용하는 것은 김씨뿐만이 아니다. 일반
인들도 '같아요'를 많이 쓴다. TV를 보다 보면 주말 야외 행사장이
나 해수욕장, 유원지 등에 온 사람들을 인터뷰하는 경우가 있다. 이

때 인터뷰에 응하는 사람들의 말투에서도 '같아요'가 많이 나온다. "날씨도 좋고 사람도 많이 오고 참 좋은 것 같아요", "처음 와 봤는데 참 괜찮은 것 같아요", "직접 체험해 보니 너무 재미있는 것 같아요"라고 하는 식이다. 올림픽에서 메달을 딴 선수가 인터뷰할 때도 "부상 때문에 걱정했는데 우승해서 참 좋은 것 같아요"처럼 특히 "좋은 것 같아요"란 표현이 자주 등장한다. 좋으면 좋지 '좋은 것 같아요'는 무엇인가?

여기에서 '같다'는 추측이나 불확실한 단정을 나타내는 말이다. '-는 것 같다', '-할 것 같다' 등의 형태로 쓰인다. "연락이 없는 것을 보니 무슨 사고가 난 것 같다", "비가 올 것 같다" 등처럼 사용된다. 쉽게 얘기하면 확실하지 않은 사실을 말할 때 사용하는 표현이다. 원래는 '-듯하다'는 말이 주로 쓰였으나 언제부터인가 '-것 같다'는 표현이 더 많이 사용되고 있다.

"사고가 난 것 같다"는 "사고가 난 듯하다", "비가 올 것 같다"는 "비가 올 듯하다"처럼 '-듯하다'가 더욱 오래도록 써온 표현이라고 한다. 언어도 변화하니 '같아요'를 사용하는 자체를 흠잡을 수는 없다. 문제는 전혀 어울리지 않는 자리에 마구 쓰인다는 점이다. 자신의 기분·감정·느낌 또는 판단 등을 표현할 때 '같아요'를 사용하는 것이다. 자신의 기분이나 감정을 스스로 잘 알면서 '같아요'를 사용해 불확실하게 표현하는 것은 잘못이다.

"참 좋은 것 같아요"처럼 자기 자신이 느끼는 기분을 스스로 잘 알면서 '같아요'를 사용하면 무척이나 어색하다. 좋으면 좋고 나쁘면 나쁜 것이지 "좋은 것 같아요"라는 추측은 성립하지 않는다. "참 좋아요"라고 하는 것이 정상적인 표현이다. "재미있는 것 같아요"도 마찬가지다, 재미가 있으면 있고 없으면 없지 자기 기분을 얘기하면서 남 얘기하듯 "재미가 있는 것 같아요"라고 해서는 안 된다. 자신의 얘기를 하면서 '아리송하다', '불확실하다'는 식으로 표현할 수는 없다.

이것이야말로 유체이탈 화법이다. 유체이탈 화법이란 자신의 이야기를 하면서 남 얘기 하듯 표현하는 것을 일컫는다. 즉 자신이 직접 관련된 이야기를 하면서 남의 이야기를 하듯이 함으로써 자신의 잘못이나 문제를 피해 가는 것을 말한다. '같아요'가 꼭 유체이탈 화법처럼 좋지 않게 사용된다는 것은 아니고 남 얘기 하듯 하는 기형적인 표현인 것만은 분명하다.

"배고픈 것 같아요"를 보면 '같아요'의 문제점이 여실히 드러난다. 배가 고픈지 안 고픈지는 자신이 잘 알고 있고 배가 고프기 때문에 이런 말을 하는 것이다. 그렇다면 "배고파요"라고 해야지 남 말 하듯이 "배고픈 것 같아요"라고 해서는 곤란하다. 내 얘기가 아닌 삼자의 이야기를 삼자에게 전할 때는 가능하다. "아기가 배고픈 것 같아요"와 같이 다른 사람의 상황을 추측해 전달하는 표현이기 때문이다. 그러나 자기 자신에게 해당하는 경우라면 이러한 표현이 성립하지 않는다.

이처럼 자신의 감정을 나타낼 때 쓰는 '같아요'는 사실 관계에 부합하지 않기 때문에 사용하지 않는 것이 바람직하다. 더욱 큰 문제는 앞서 얘기한 직장인 김씨처럼 '같아요'를 남용하면 자신감이 없어 보이고 무언가 흐리멍덩해 보인다는 점이다. 스스로는 겸손하게 표현하기 위한 것이라 할지 모르지만 사실 관계가 맞지 않을 뿐더러 지나친 겸손은 자신감의 결여로 비친다.

따라서 별명이 '같아요'인 김씨는 말끝마다 '같아요'를 붙이는 버릇을 고쳐야 한다. "이거 오늘 중으로 해야 합니다", "결재를 미리 받아야겠어요", "영업부에 전달하는 게 좋겠습니다" 등처럼 단호하게 얘기함으로써 자신감이나 강한 의지를 보여 주어야 한다.

사장님께 부장님을
높여도 되는 걸까

직장에서 "김 부장은 어디 갔어?"라는 사장의 물음에 이길용 대리
는 다음 중 어느 표현으로 대답하는 것이 적절할까?

1) 김 부장은 외출 중입니다.
2) 김 부장은 외출 중이십니다.
3) 김 부장님은 외출 중이십니다.
4) 김 부장님께서는 외출 중이십니다.

언어 예절에서 압존법이란 것이 있다. 문장의 주체가 말하는 사

람보다 높지만 듣는 사람보다는 낮아 그 주체를 높이지 못하는 어법(語法)을 말한다. "할아버지, 아버지가 아직 안 왔어요"라고 하는 것이 대표적 사례다. 나보다 아버지가 높지만 아버지는 할아버지보다 낮기 때문에 그 앞에서 아버지를 높이지 못하는 것이다.

그러나 압존법은 맞춤법이나 표준어 규정과 달리 언제나 적용되는 사항은 아니다. 통상적 규범성을 띠긴 하지만 얘기할 때의 상황이나 말하는 사람의 심리 상태에 따라 달라질 수 있다. 가정에서 압존법을 지키는 것이 전통 예절이지만 현재는 가정에서의 압존법도 점차 사라지는 추세다. 국립국어원 〈표준화법해설〉도 이러한 입장을 따르고 있다.

과거에는 어떠했는지 몰라도 현재는 할아버지 앞이라고 해서 "아버지가 아직 안 왔다"는 투로 아버지를 마냥 낮추는 것은 무척이나 예의 없이 들린다. 따라서 "아버지가 아직 안 오셨어요"처럼 '시'를 붙여 서술어를 높이는 것이 적당해 보인다. "아버님이 아직 안 오셨어요"와 같이 주어와 서술어 모두를 높이는 것은 할아버지 앞이라는 상황에선 지나친 측면이 있기 때문이다.

회사에서도 마찬가지다. 압존법에 따르면 1)"김 부장은 외출 중입니다"가 맞지만 현실적으로 너무나 예의 없어 보이는 표현이라 사용하기가 쉽지 않다. 4)"김 부장님께서는 외출 중이십니다"는 무엇보다 '김 부장님께서' 자체가 지나친 존칭이다. 앞서 다룬 것처럼 직함 다음에 '님'자는 절제하는 것이 바람직한데 '께서'까지 덧붙였으니 존칭 남용이다.

　3)"김 부장님은 외출 중이십니다" 역시 주어와 서술어를 모두 높여 과해 보이는 측면이 있다(국립국어원은 가능하다는 입장임). 2)"김 부장은 외출 중이십니다"는 서술어만 높인 표현으로, 더 윗사람에게 얘기할 때 지나치게 높이지도 지나치게 낮추지도 않았다는 점에서 가장 적절하다고 생각된다. 할아버지 앞에서 "아버지가 아직 안 오셨어요"가 요즘 어울리는 표현인 것과 같은 맥락이다.

'하청업체'라는
단어의 비애

대기업 자동차 회사에 부품을 납품하는 중소기업에 다니는 김달
수씨의 월급은 100만원이 조금 넘는 정도다. 납품받는 자동차 회
사 근로자의 평균 연봉이 9,000만원을 넘는다는 것을 생각하면 보
잘것없는 액수다. 하지만 김씨는 요즘 취업도 어렵고 비정규직이
나 임시직이 많은 때에 작은 회사나마 정식직원으로 일하고 있다
는 것에 자부심을 느끼고 있다. 조금이라도 월급을 더 받아 부족한
생활비와 아이들 학원비를 충당하기 위해 잔업과 야근을 마다하지
않는다.

하지만 늘 불안하다. 김씨 회사의 사장은 직원들에게 기업 환경

이 점점 어려워지고 있다고 하소연한다. 신흥시장의 경기가 침체되고 자동차 회사가 점점 해외에 공장을 지음으로써 국내 생산이 오히려 줄었기 때문에 납품 물량이 감소하고 있다고 한다. 자동차 회사가 어려워지자 원가절감을 위해 납품 회사의 부품 가격마저 인하시켜 더욱 고통을 받고 있다고 한다. 대기업 자동차 회사의 노조 파업으로 인한 손실을 메우기 위해 납품 단가를 낮추는 측면도 있다고 한다.

김씨는 이 모든 것을 하청업체의 비애라고 말한다. 대기업과 거래하는 하청업체는 울며 겨자 먹기로 대기업의 요구사항을 들어주지 않을 수 없다. '하청업체'의 정확한 법령상 명칭은 하도급업체다. 하도급이란 수급인이 다시 제삼자에게 도급을 주는 것을 말한다. 건설산업기본법에는 '하도급이란 도급받은 건설공사의 전부 또는 일부를 다시 도급하기 위하여 수급인이 제삼자와 체결하는 계약을 말한다"고 정의돼 있다. 하도급은 건설업뿐 아니라 제조업·운송업 등 다른 업종에서도 많이 이뤄지고 있다. 하청이란 옛 민법상의 규정인데 이것이 일상 용어로 아직도 쓰이고 있는 것이다.

일반적으로는 갑과 을의 관계가 이루어지는 곳에서 을의 입장에 있는 회사를 '하청업체'라 부르는 경향이 있다. 김씨가 근무하는 자동차 부품 납품업체뿐 아니라 백화점이나 대형 마트에 물건을 대는 회사, 대기업 상품을 취급하는 대리점 등 대체적으로 대기업이나 큰 회사와 관계를 맺고 있는 작은 회사를 하청업체라 부른다.

법률적인 용어라기보다는 포괄적으로 갑을 관계에 있다는 것을 상징적으로 나타내는 말이라고 할 수 있다. 김씨가 처한 상황처럼 저임금, 장시간 노동, 열악한 근무환경, 고용불안 등 중소업체의 열악한 노동 여건을 함축하고 있다.

그러나 '하청업체'라는 용어는 문제가 있다. 이름 자체가 대기업과 관련 회사를 차별함과 동시에 상하 관계를 분명하게 규정짓고 있기 때문이다. 갑의 횡포를 해결하기 위해서는 이 용어부터 사용하지 않는 것이 필요하다. 특히 대기업에 근무하는 사람들은 '하청업체'란 표현을 쓰지 말아야 한다. 너희들은 우리가 시키면 하라는 대로 해야 한다는 무의식이 발동할 수 있기 때문이다. 납품업체 입장에서도 이렇게 부르다 보면 대기업은 언제나 갑이고 자신들은 을로서 어쩔 수 없는 운명이라는 것을 스스로 인정하고 감내해야 한다는 자조적인 인식이 자리 잡을 수 있다.

따라서 용어 자체를 상호 협력과 발전, 공생 관계를 포함하는 말로 바꾸는 것이 필요하다. 물론 정확한 법률 용어인 하도급업체라는 말을 쓰지 않을 수는 없지만 이는 공식적, 또는 서류상 측면에서만 사용하는 것이 적절하다. 하도급이란 말 역시 내포한 방향성으로 인해 하청이나 별반 차이가 없기 때문이다. 납품업체란 용어역시 상하 관계가 분명해 썩 내키지 않는다. 외주업체는 방송 제작과 관련해 주로 쓰이는 용어이고 외주라는 말에서 또한 갑을 관계가 연상되기 때문에 그리 탐탁지 않다.

'협력업체'란 용어가 좋은 대안으로 생각된다. 물론 법률적으로는 협력업체가 위성기업으로 불리기도 하면서 대기업 일을 위탁받아 하는 것을 가리키는 측면이 있다. 그러나 단어 자체가 가지고 있는 의미 때문에 다른 용어보다 나아 보인다. 협력업체라는 말에는 공생 관계, 즉 상호 원원하는 뜻이 포함돼 있다. 또한 협력이란 말에서 안정적이고 지속적으로 관계를 맺어 나간다는 의미가 읽힌다. 물론 용어를 바꾼다고 해서 모든 것이 달라지지는 않는다. 그러나 용어는 인식을 바꿔 가는 출발점이 될 수 있다.

제 시급보다 비싼
커피 나오셨습니다

엉뚱한 존댓말을 사용하는 현실을 풍자한 〈커피 나오셨습니다〉 동영상이 인기를 끈 적이 있다. '사물 존대 논리'라는 부제를 달고 있는 이 동영상은 한글 시민단체인 한글문화연대가 만든 것으로 잘못된 높임말을 사용할 수밖에 없는 논리를 나름대로 들이대고 있다.

동영상은 인류의 발명품인 자동차·세탁기·커피 등을 보여주면서 "인류의 손으로 만든 빛나는 산물들, 그들은 어쩌면 한 개인의 일생보다도 위대합니다. 그 사물들에 우리는 존경의 마음을 억누를 수 없습니다"는 말로 시작한다.

이어 매장에서 "커피 나오셨습니다. 이쪽이 라테이십니다", "엔

진은 터보이시고요. 타이어는 광폭이십니다. 새 모델이시거든요"
등처럼 판매직원들이 잘못된 높임말을 사용하는 것을 보여준다.

"사람의 손으로 만들어 낸 그 모든 위대한 물건들, 그들은 사람
보다도 고귀한 존재들입니다"는 멘트 뒤 매장 점원이 "아, 커피가
제 시급보다 비싸거든요"라고 말하는 대목에선 폭소가 절로 나온
다. 영상은 "그들에게 진심을 담아 존대합니다. 커피 나오셨습니다"
는 말로 마무리한다.

이 동영상을 만든 한글문화연대 이건범 대표는 존댓말을 똑바
로 사용하지 않으면 탈이 난다고 지적한다. 존댓말은 단순히 언어
내부의 어문 규정이 아니라 사람들 사이의 관계를 규정하는 말 사
용법이기 때문이라고 한다. 사물에 '시'를 마구 붙이는 이러한 말투
는 물건이나 돈을 존대하는 꼴이니 정작 손님은 존대받지 못하는
결과를 낳는다는 것이다.

'-셨습니다'는 '시었습니다'의 준말이다. 여기에서 '시'는 존경을
나타내는 어미다. 동작이나 상태에 결합해 그것이 상위자와 관련
됨을 나타낸다. 이 경우 주어는 상위자 또는 상위자의 신체 일부가
될 수밖에 없다. "아버님께서 오시었다", "선생님은 키가 크시다",
"충무공은 훌륭한 장군이셨다"처럼 쓰인다. 따라서 물건인 커피를
주어로 해서 높임말인 '-셨습니다(시었습니다)'를 사용할 수는 없다.

이런 말은 우리말의 존칭을 잘 모르는 외국인들에게서나 듣던
말이다. 간혹 코미디 프로그램에서 우리말이 어눌한 서양인이나

동남아인을 우스꽝스럽게 흉내 낼 때 이런 식의 존칭이 쓰이기도 한다. 그런데 이제는 한국 사람들이 이 같은 말을 하고 있으니 알다가도 모를 일이다. 커피처럼 사람과 관련된 것이 아닌 경우에는 '-셨습니다'가 아닌 '-습니다'를 활용해야 한다. 즉 "커피 나왔습니다"라고 해야 한다.

그러잖아도 물신(物神)주의가 넘치는 시대에 사물을 존대하는 표현이 만연하는 것은 우연이겠지만 꺼림칙하다. 손님 가운데는 '시'를 붙여 가며 말하지 않으면 건방지다고 화를 내는 사람도 있다고 한다. 그래서 가게 주인은 무조건 '시'를 붙이라고 점원들에게 가르친다고 한다. 그러나 동영상의 풍자처럼 사물에 '시'자를 붙이는 것은 사람이 아니라 사물을 높이는 기이한 표현이다. "커피 나오셨습니다"가 아니라 "커피 나왔습니다"라고 올바른 존대 표현을 쓰는 것이 진정으로 손님을 고귀하게 여기는 일이다.

손님보다 돈을 존중하는
"5만원이세요"

요즘 백화점이나 할인 마트 등 계산대의 점원에게서 특히 많이 듣는 말이 "5만원이세요", "10만원이세요" 등처럼 '-세요' 표현이다. 과거에는 이런 말을 별로 들어 본 적이 없으나 근래 들어 부쩍 늘었다. "5만원입니다", "10만원입니다"고 하던 것을 더욱 정중하게 표현한다는 의도로 이런 말을 사용하는 것으로 보인다. 과연 이 말이 손님을 더욱 존대하는 표현일까.

'-세요' 자체는 존대를 나타내는 말로 쓰이는 것이 맞다. "우리 어머님이세요", "저희 선생님이세요", "우리 부장이세요" 등과 같이 사용된다. 그러나 예문에서 보듯 존대의 대상은 사람이어야 한다.

사물이 존대의 대상이 될 수는 없다. 만약 "이것은 제 노트북이세요", "저쪽에 있는 것이 제 책상이세요"라고 한다면 얼마나 웃기는 말인가.

'-세요' 앞에 사람이 아닌 다른 것이 오는 경우도 있으나 이때는 의문이나 명령을 나타낸다. "갑자기 웬일이세요?", "벌써 가세요?" 등에서는 의문을, "어서 가세요", "계속 말씀하세요" 등에서는 명령을 나타내는 말로 쓰인다. 그러나 "5만원이세요"는 사람을 높이는 말로 쓰이거나 의문 또는 명령을 나타내는 말로 사용되는 세 가지 경우 어디에도 속하지 않는다.

결국 "5만원이세요", "10만원이세요"처럼 돈에다 '-세요'를 붙이는 것은 손님이 아니라 돈을 존대하는 기형적 어투다. 고객을 존중하기는커녕 돈이나 사물을 높여 손님을 놀리는 듯한 이런 표현은 더욱 늘어 가고 있다. '-세요'란 우스꽝스러운 바이러스에 감염된 꼴이다. 그냥 "5만원입니다", "10만원입니다"고 해야 한다.

남들이 이렇게 표현한다고 무턱대고 따라할 필요가 없다. 매장 직원이나 서비스센터 직원들은 이런 기형적인 표현을 쓰지 않는 것이 바람직하다. 남을 존중하고 상대를 높이는 표현은 정확해야지 기형적 표현을 쓰면 되레 우스꽝스러워질 수도 있다. 손님보다 돈을 더 존경한다면 계속 "5만원이세요"를 써도 된다.

희한한 존칭
"계산하실게요"

얼마 전 허리가 아파서 종합병원에 가 치료를 받은 적이 있다. 대학병원이라 각종 시설이 잘 갖추어져 있었고 직원들도 몹시 친절했다. 서비스 교육을 잘 받은 덕분인지 말 한마디에도 신경을 쓰는 등 환자를 배려하는 마음이 역력했다. 하지만 과공비례(過恭非禮)라고 했던가. 지나친 공손에서 오는 기형적 표현이 오히려 거부감이 들게 했다.

"다리를 펴고 누우실게요", "목에 힘 빼실게요", "고개를 이쪽으로 돌리실게요", "원래 자리로 돌아가실게요", "레이저 시술 하실게요", "곧 끝내실게요." 검사를 받고 치료를 하는 내내 고개를 갸웃거리게 하는 높임말들을 들어야 했다. 계속 듣다 보니 '-실게요'라는 이런 존칭이 맞는 말인 것 같기도 하도 아닌 것 같기도 하고 좀 헷갈리기까지 했다.

'-ㄹ게요'는 어떤 행동을 할 것을 약속하는 뜻을 나타내는 종결어미인 '-ㄹ게'에 존대의 뜻을 나타내는 '요'가 붙은 것이다. 즉 '-ㄹ게요'는 내가 상대에게 어떤 행동을 하겠다고 공손하게 약속하는 말이다. "다시 연락할게요"는 내가 상대에게 연락을 하겠다고 약속하는 것이다. "또 올게요" 역시 내가 다시 오겠다고 상대에게 공손히 약속하는 말이다.

그렇다면 "누우실게요"는 어떻게 되는 걸까. 우선 "누울게요"는 내가 눕겠다고 상대에게 공손하게 얘기하는 것이다. 그러나 여기에 '시'가 첨가된 "누우실게요"는 어법상 성립하지 않는다. "선생님은 키가 크시다"처럼 '시'는 상대(주체)와 관련된 것을 높일 때 쓰이는 말(간접 높임)이다. "누울게요"처럼 나의 의지를 나타내는 말에는 '시'가 들어갈 수 없다. 그러니까 "누우실게요"는 나의 의지와 상대를 높이는 말이 결합한 희한한 표현이다.

"다리를 펴고 누우실게요"는 "다리를 펴고 누우세요"가 바른말이다. "목에 힘 빼실게요"는 "목에 힘 빼세요", "이쪽으로 돌리실게요"는 "이쪽으로 돌리세요", "원래 자리로 돌아가실게요"는 "원래 자리로 돌아가세요"라고 해야 한다. "레이저 시술 하실게요"는 "레이저 시술 할게요", "곧 끝내실게요"는 "곧 끝낼게요" 등으로 바꿔야 한다. 무턱대고 '시'를 붙인다고 될 일이 아니다.

아마도 병원이나 매장 등 고객을 대하는 직원들에게 회사에서 "목에 힘 빼실게요"처럼 '-실게요'라 얘기하라고 가르치는 것으로 보인다. 그렇지 않고서는 모든 직원이 그렇게 얘기할 수는 없다. 하지만 잘못된 높임말에는 오히려 거부감이 들 수 있다. 상대에 대한 존경의 표시는 정확한 존대어법의 사용이 우선이다. 직원들은 "목에 힘 빼세요"처럼 정확한 어법을 써야 한다.

아뿔사, 치료를 마치고 계산을 하려고 1층 수납창구로 가니 이번에는 창구 여직원이 하는 말. "결제 도와 드리실게요."

제3장

어원을 알면
낯이 뜨거워지는 단어

일상적으로 쓰는 단어 가운데는 그 속에 아픈 역사나 끔찍한 내용이 들어 있는 경우가 있다. "망나니 짓 좀 하지 마라"고 할 때의 '망나니'가 대표적이다. 옛날 사형수의 목을 치는 끔찍한 일을 하던 사람이 바로 '망나니'다. "도무지 모르겠다"고 할 때의 '도무지' 역시 무서운 단어다. 물에 적신 한지를 얼굴에 몇 겹이고 착착 발라 숨조차 쉬지 못하게 해 사람을 죽이는 형벌이 '도무지'다. "염병하네"라고 할 때 '염병'은 장티푸스를 가리키는 말이다.

우리말에는 일본어에서 온 단어도 적지 않다. "만땅 넣어 주세요"처럼 흔히 쓰는 '만땅'은 일본어에서 온 말이다. '찰 만(滿)'자에 영어의 탱크(tank)를 합성한 일본식 조어의 일본 발음인 만탕쿠(まんタンク)에서 온 단어다. '국민의례'는 사실은 제국주의 당시 일본 기독교단에서 제국주의에 충성하고자 만든 의식이었다고 한다. 당시의 용어와 의식 방법을 우리가 지금까지 그대로 따라 하고 있다. 이처럼 어원을 알면 차마 사용하기 어려운 단어가 한둘이 아니다.

순국선열 부끄럽게 만드는
국민의례

학교 다닐 때 조회 시간에 운동장에 모여 '국기에 대한 경례'를 하고 애국가를 부르면서 국민의례를 하던 기억이 난다. 입학식이나 졸업식, 개교기념식 때도 반드시 국민의례를 한다. "나는 자랑스러운 태극기 앞에 조국과 민족의 무궁한 영광을 위하여 몸과 마음을 바쳐 충성을 다할 것을 굳게 다짐합니다"라고 하는 국기에 대한 맹세가 나팔처럼 생긴 스피커에서 쩌렁쩌렁 울려 나오기도 했다. 이런 행사를 할 때는 왠지 가슴이 뭉클하고 무언가 나라를 위해 열심히 해야겠다는 의지가 생긴다.

이러한 국민의례는 군대에 가서도 했다. 요즘도 3·1절이나 광복절 같은 국가기념일에 세종문화회관 등에서 기념식을 하는 것을 TV를 통해 볼 수 있는데 이때도 국민의례를 빠짐없이 한다. 이처럼 국민의례는 공식적인 의식이나 행사 등을 할 때 대한민국 국민으로서 국기에 대한 예의를 표하면서 애국가를 제창하고 순국선열 및 호국영령들에게 예를 갖추는 일련의 격식을 말한다. 대통령 훈령으로 규정돼 있다.

국민의례는 일반적으로 '국기에 대한 경례', '애국가 제창', '순국선열과 호국영령에 대한 묵념' 순으로 5분가량 진행한다. 시간이 부족할 때는 국기에 대한 경례만 하고 다른 것은 생략하기도 한다. 국기는 국가의 상징이므로 이에 예의를 갖춤으로써 국가에 대한 존경과 애착을 재확인하게 된다. 애국가를 모든 참석자가 합창함으로써 우리 국민이 한마음·한뜻이 되는 효과를 거둔다. 또한 나라를 이룩하고 지키기 위해 신명(身命)을 바친 순국선열에 대한 묵념을 함으로써 우리들도 나라를 위해 희생을 아끼지 않을 것을 맹세한다.

그러나 국민의례는 제국주의 당시 일본에서 유래한 것이라고 한다. 이윤옥의 저서 《오염된 국어사전》에 따르면 국민의례가 사실은 일본 기독교단에서 제국주의에 충성하고자 만든 의식이었다고 한다. 국민의례는 1904년 러일전쟁이 발발하자 일본 교단이 출정 군인·상이군인·전몰군인과 유가족을 위해, 그리고 대동아전쟁 완수를 위해 행한 기미가요 연주, 묵념 등을 뜻한다는 것이다.

우리가 스포츠 등에서 많이 쓰는 '국위선양' 역시 일본말에서 온 단어라고 한다. 국위선양은 일제강점기 때 미나미 지로(南次郞) 7대 조선총독의 조선인 길들이기 5대 지침 가운데 하나였다. '신하들이 천황을 도와 국가를 지키고 황국신민을 있게 한 시조신을 위로해 일본을 만 세계에 알려야 한다'는 것이 이른바 국위선양의 골자라 고 한다. 결국 국위선양이란 일본을 세계만방에 알리자는 뜻이며 우리가 이 말을 계속 쓴다면 메이지(明治) 시대의 신민임을 자처하 는 꼴이 된다고 저자는 책에서 꼬집는다.

일본 위키피디아 사전에도 "국민의례란 일본 기독교단이 정한 의례의식으로 구체적으로는 궁성 요배, 기미가요 제창, 신사 참배 다"고 나온다고 하니 국민의례가 제국주의 일본에서 만든 말인 것 만큼은 틀림없는 듯하다. 해방 후 우리가 일본의 제도와 의식을 무 비판적으로 받아들임으로써 오늘날까지 이 용어와 격식이 그대로 사용되고 있는 것으로 보인다. 이것이 사실이라면 '국민의례'라는 단어를 계속 쓰는 것은 순국선열·호국영령에게 부끄러운 일이다. 중지를 모아 이름과 형식을 바꾸는 것이 필요하다.

'도무지'는
무서운 형벌

일상에서 '도무지'라는 말을 많이 쓴다. "도무지 속셈을 모르겠다", "도무지 생각이 안 난다"처럼 사용된다. 여기에서 '도무지'는 '아무리 해도'라는 뜻이다. "도무지 예의라고는 없는 사람이다", "도무지 맛이 없어 먹을 수가 없다"처럼 쓰이기도 한다. 이때는 '도무지'가 '이러니저러니 할 것 없이 아주'라는 의미로 사용됐다.

그런데 이 '도무지'는 어디에서 온 말일까? 국립국어원에 따르면 '도무지'의 어원은 확실하지 않으나 《역어보》에 '도모지'가 출현하며 이 형태는 20세기까지도 나타난다고 한다. 따라서 '도무지'의 옛 어형은 '도모지'이며 '도모지'가 '도무지'로 변화한 것으로 볼 수 있다. '도무지'는 옛 형벌의 이름에서 유래했다는 것이 일반적 견해다. 구한말 일제에 의해 강제로 을사보호 조약이 체결되고 나라를 빼앗기자 스스로 목숨을 끊은 황현(黃玹)의 《매천야록(梅泉野錄)》에 보면 엄격한 가정의 윤리 도덕을 어그러뜨렸을 때 아비가 눈물을 머금고 그 자식에게 비밀리에 내렸던 도모지(塗貌紙)라는 사형(私刑)이 있었다는 기록이 나온다.

박숙희의 《뜻도 모르고 자주 쓰는 우리말 어원 500가지》에 따르면 1860년 경신박해 때 체포된 오치문이란 사람이 울산 장대로 압송된 뒤 도모지 형으로 죽었다는 기록이 있다고 한다. 천주교 기록에 "순교 당시 그는 얼굴을 한지로 덮은 채 물을 뿌림으로써 숨이 막혀 죽게 하는 백지사(白紙死, 일명 도모지) 형벌을 받았는데, 무의식 중에 혀를 내밀어 물 묻은 한지를 뚫자 군사들이 그 구멍을 막아 질식시켰다고 전한다"고 돼 있다는 것이다. 이보다 늦은 기록으로는 1866년 12월 8일 남한산성에서 순교한 천주교인들에게 당시 남한산성의 광주 유수가 일명 도배형 또는 도모지라고 부르던 백지사 형을 집행했다는 기록이 있다고 한다.

이 도모지(塗貌紙)를 글자 그대로 해석하면 얼굴에 종이를 바른다는 뜻이다. 자식을 움직이지 못하게 묶어 놓고 물을 묻힌 조선종이, 즉 한지를 얼굴에 몇 겹이고 착착 발라 놓으면 보이지도 않고 들리지도 않고 말도 못하는 상태에서 종이의 물기가 말라감에 따라 서서히 숨조차 쉬지 못해 죽게 되는 끔찍한 형벌이다. '도무지'

는 이런 끔찍한 형벌에서 비롯돼 '전혀 어떻게 해 볼 도리가 없다'는 의미로 쓰이게 됐다는 것이다.

도모지는 참으로 끔찍한 형벌이다. 물론 '도무지'가 '도모지'에서 왔다고 해서 이 단어를 사용해선 안 된다고 할 수는 없다. 그렇더라도 끔찍한 도모지 형벌을 생각하면 이 단어를 쓰기가 꺼려진다. 도무지 대신 '도대체, 아무리 해도, 도시(都是), 도통(都統)' 등의 단어를 쓰면 된다. 즉 "도무지 속셈을 모르겠다"는 "도대체(아무리 해도, 도시, 도통) 속셈을 모르겠다"로 하면 된다.

망나니는
사형을 집행하는 사람

TV에서 사극(史劇)을 보면 간혹 사형 장면이 나온다. 사형수가 포박된 채 꿇어앉아 머리를 떨구고 있고 머리를 풀어헤친 사내가 그 주위를 맴돌며 칼춤을 춘다. 칼을 이리저리 휘두르고 다리를 들썩이며 한바탕 춤을 춘다. 가끔 입에 물었던 물을(술인 것 같기도 하고) 긴 칼에 뿜어 댄다. 얼굴 모습은 마치 짐승과 같고 눈에는 살기가 번뜩인다. 사형수는 겁에 질려 혼이 빠진다. 이윽고 사내는 사형수의 목을 단칼에 내리친다. 참으로 끔찍한 장면이다.

　사형수의 목을 치는 사람은 누구일까. 아무리 죄인의 목을 베는 일이지만 사람의 목숨을 앗는 것이므로 아무나 할 수 있는 일이 아니다. 모질고 독한 사람이 아니라면 이런 일을 할 수 없다. 그래서 중죄를 짓고 감옥에 갇혀 있는 사형수가 이런 일을 했다고 한다. 큰 죄를 지어 사형에 처해야 할 죄인을 뽑아 특별히 살려 두고 다른 죄인의 목을 치는 일을 시켰다.

이처럼 사형수의 목을 치는 끔찍한 일을 하는 사람을 '망나니'라 불렀다고 한다. 망나니는 원래 '막난이'가 변한 말이라고 한다. '막난이'에서 '막'은 '마구' 또는 '함부로'를 뜻하는 말이다. '막난'은 '함부로 된', '막된'을 의미한다. '이'는 사람을 가리키는 의존명사다. 따라서 '막난이'는 '함부로 된 사람', '막된 사람'을 뜻한다. 사형수의 목을 치는 모진 일을 하는 사람은 막된 사람, 즉 막난이임에 틀림없다. 이 막난이가 변화해 망나니가 됐다. 발음의 편리성을 따라 망나니로 바뀐 것으로 보인다.

망나니 역시 중죄를 지은 흉악범이므로 본성이 포악하고 행동이 거칠 것이 분명하다. 이러한 속성이 일반인들에게도 확대 적용돼 망나니가 언동이 몹시 막된 사람을 비난조로 이르는 말로 쓰이는 것으로 보인다. 망나니 가운데서도 심한 망나니, 즉 예절에 몹시 어긋나는 행동을 하거나 성질이 아주 못된 사람을 '개망나니'라 불렀다. 성질이나 하는 짓이 지독하게 못돼 고약한 사람을 '불망나니'라 부르기도 한다.

술주정이 몹시 심한 사람은 '술망나니', 돈이라면 사족을 못 쓰고 못된 짓을 하는 사람은 '돈망나니' 또는 '전망나니'라고 부른다.

주책이 없는 사람은 '주책망나니'라고 한다. 아주 심한 망나니는 '알망나니'라 부르기도 한다. 말이나 행동을 사회 규범에 어긋나게 하는 막된 사람의 짓은 '망나니짓'이라고 한다.

망나니는 이처럼 원래가 중죄를 지은 흉악범이고 또 사형수의 목을 치는 포악하고 끔찍한 사람이다. 이러한 사실을 모르고 일상 생활에서 좀 거칠거나 난폭한 사람이 있으면 '에이 저 망나니', '에이 망나니 새끼' 하는 식으로 상대가 들리지 않게 욕을 하곤 한다. 심한 경우 면전에서 "야, 이 개망나니야, 망나니짓 좀 그만해라"고 하는 경우도 있다. 정말 심한 욕이다. 망나니의 어원을 안다면 차마 사용할 수 없는 말이다.

'염병하네'는
사이다 발언이 아니다

얼마 전 국정농단의 주범으로 구속된 최순실이 특검에 출두하는 장면이 생중계됐다. 그는 특검이 있는 건물 안으로 들어서면서 "억울하다"고 외쳤다. 이때 이를 바라보던 청소부 아주머니가 "염병하네"를 세 번이나 외치면서 그의 말을 받아쳤다. 청소부 아주머니의 이 일침은 국민들에게 사이다 발언으로 화제가 됐다.

염병(染病)은 전염병과 같은 말이기도 하고, 전염병 가운데서도 장티푸스를 속되게 이르는 말이기도 하다. 전염병에는 장티푸스 말고도 콜레라·천연두 등이 있지만 장티푸스가 가장 무서운 병이기 때문에 염병이 특히 장티푸스를 가리키게 됐다고 한다. 장티푸스는 티푸스 균이 창자에 들어가 일으키는 급성 전염병이다. 입을 통해 감염되며 1, 2주의 잠복기 후에 발병한다. 특유한 열 형태를 보이며 설사, 창자 출혈, 뇌 이상, 발진 등의 증상을 나타낸다.

조선《숙종실록(肅宗實錄)》59권, 숙종 43년(1717) 4월 24일 기록에는 이런 내용이 있다고 한다. "충청도 홍산 등 스물여섯 고을에서 염병(染病)으로 앓는 자가 3,400여 명이고 죽은 자가 1,422명"이라는 기록이 나온다고 한다. 당시에는 예방과 치료제가 없었으므로 걸리면 사망에 이르기 십상인 무서운 질병이었다.

장티푸스, 즉 염병이 전염성이 강하고 치료가 어려웠던 병인 만큼 이 '염병'은 욕설 또는 독한 표현을 할 때 쓰이게 됐다. 청소부 아주머니가 외친 것처럼 "염병하네"라고 하면 심한 욕이 된다. "염병을 떤다"는 표현이 쓰이기도 하는데 엉뚱하거나 나쁜 짓을 한다는 뜻으로 사용된다. "염병에 땀을 못 낼 놈"이란 옛말도 있다. 염병을 앓으면서도 땀도 못 내고 죽을 놈이라는 뜻이다.

"염병하네"와 비슷한 욕으로 "지랄하네"도 있다. '지랄'은 간질병을 속되게 이르는 말이다. 마구 법석을 떨며 분별없이 하는 행동을 속되게 이르는 말이기도 하다. "지랄하네"는 "간질병을 하고 있네"라는 뜻이므로 이 역시 심한 욕이 된다. "염병하네"로 일침을 가한 청소부 아주머니처럼 이러한 표현이 때로는 사이다 발언으로 속을 후련하게 해 주기도 한다. 하지만 사람을 무서운 질병에 비유하는 것이므로 함부로 써서는 안 된다.

대포가 없는
무대포 정신

"신에게는 아직도 열두 척의 배가 있사옵니다."

이순신 장군이 명량대첩을 앞두고 선조에게 올린 장계(狀啓)다. 전투에 임하는 비장한 각오를 담고 있다. 그는 고작 열두 척의 배로 133척의 일본 전선을 무찔렀다. 어찌 보면 무모하다시피 한 전투였다. 냉정한 현실 인식과 치밀한 전략이 있었기에 가능한 일이었다. 만약 무조건 하면 된다는 소위 '무대포 정신'으로 임했다면 참혹한 패배를 낳았을지도 모른다.

당시 승리는 철저한 준비와 강인한 정신력이 바탕이 됐지만 실제로는 화포, 즉 대포도 적지 않은 역할을 했다고 한다. 튼튼한 판

옥선에 장착된 조선의 화포가 일본군의 것에 비해 사정거리가 길었기 때문에 먼 거리에서 일본 함선을 격파할 수 있었다. 지금도 전쟁에서 대포가 큰 역할을 하지만 무기가 변변치 못했던 당시에는 천자·지자총통 등 우리의 우수한 대포가 결정적인 구실을 했던 것이다.

이처럼 전투에서 승리하기 위해 꼭 필요한 무기가 대포이다 보니 저돌적으로 밀어붙이는 무대포를 얘기할 때는 당연히 대포가 연상된다. 적을 무찌를 수 있는 강력한 무기인 대포를 제대로 갖추지 못한 채 무모하게 상대에게 달려드는 행위가 떠오른다. 그저 하면 된다는 생각으로 돌진하는 것을 무대포 정신이라 부르기도 한다. 조선 수군을 무시하고 상대적으로 열세인 대포를 가지고 전투를 벌인 일본군이야말로 무지와 만용의 무대포 정신으로 달려든 셈이다.

그러나 무대포 정신이란 말 속의 '무대포'는 글자 그대로 '대포가 없다'는 우리말과는 거리가 있다. 무대포의 어원은 일본어 무철포(無鐵砲)다. 여기에서 철포(鐵砲)는 소총 등 총포류를 이르는 말이다. 무철포(無鐵砲)는 일본에서만 쓰이는 일본식 한자어로, 앞뒤 생각 없이 행동하는 모양을 뜻한다. 일본식 발음 무뎃포(むてっぽう)에서 무대포라는 단어가 나온 것으로 보인다. 표준국어대사전은 '무데뽀'라는 말을 표제어로 올리고 '일의 앞뒤를 잘 헤아려 깊이 생각하는 신중함이 없음을 속되게 이르는 말'이라 설명해 놓았다. 따라

서 사전에 맞게 적으려면 무데뽀라고 해야 한다.

하지만 무데뽀인지 무대포인지 헷갈린다. 대포도 없이 무모하게 달려드는 것을 생각하면 무대포가 맞을 듯도 해 무대포로 적는 사람이 적지 않다. 어차피 일본식 한자어의 일본식 발음에서 온 단어라면 문맥에 맞게 '막무가내'나 '무모'라는 우리말을 사용하는 것이 바람직하다. 무대포 정신은 '막무가내 정신'이라고 하면 된다.

행사장에 도우미
부르지 마세요

요즘 행사장 어디를 가나 도우미가 있다. 손님들을 안내하기도 하고 행사 진행을 돕기도 한다. 이처럼 행사에 없어서는 안 될 도우미가 처음 등장한 것은 1993년 대전 엑스포에서다. 손님을 안내하고 행사 진행을 돕는 여성을 가리키는 말로 쓰였다. 이전에도 이런 형태가 있었겠지만 '도우미'라는 이름이 붙은 것은 이때가 처음이다. 이후 도우미는 각종 행사장에서 손님을 안내하고 진행을 돕거나 양로원에서 노인을 수발하는 등 남에게 도움을 주는 사람을 지칭하는 말로 자리 잡았다.

도우미는 '도움'이라는 단어에 사람·사물·일 등의 뜻을 더하는 접미사 '-이'가 붙어 이루어진 '도움이'를 연음(이은소리) 처리한 형태다. 대전 엑스포 당시 주최 측은 도우미가 '돕다'의 '도', '우아하다'의 '우', '미인'의 '미'에서 따온 말이라고 밝혔지만 지금 그렇게 받아들이는 사람은 없다. 도우미라고 하면 도움을 주는 사람으로, '도움+이'를 소리 나는 대로 적은 것으로 인식할 뿐이다.

행사 도우미처럼 도움을 주는 사람이란 뜻으로 쓰이려면 도우미가 아니라 '도움이'가 돼야 한다. 때밀이·젖먹이·멍청이·똑똑이·뚱뚱이와 같이 접미사 '-이'가 붙어 있는 형태여야 한다. 경위야 어찌 됐건 도우미는 이제 사전에도 올라 있는 말이다. 산후 도우미, 가사 도우미, 경로 도우미, 이사 도우미 등처럼 각 분야에서 두루 쓰이고 있다. 길 도우미(내비게이션), 노래방 도우미도 있다.

도우미가 이렇게 자리 잡으면서 이후 많은 문제가 발생한다. 유사한 형태의 말이 마구 생겨나면서 조어법이 무너진다. 노인 돌보미(보건복지부), 아이 돌보미(여성가족부)처럼 돌보미라는 단어도 새로 생겼다. 알려 주는 사람(것)이란 뜻의 알리미, 지켜 주는 사람(것)이란 의미의 지키미도 쓰이고 있다. 배우미나 비추미라는 단어도 있다. 남산을 오르는 엘리베이터 이름은 '남산오르미'라고 붙였다. 각각 돌봄이·알림이·지킴이·배움이·비춤이·오름이 등이 정상적인 표현이다.

도우미처럼 미음 받침과 '-이'를 연음 처리해 '-미'가 된 이들 용어는 우리말 체계를 파괴하고 언어 사용에 혼란을 준다. 특히 아이들이 헷갈릴 염려가 다분하다. 이런 식이라면 '어린이'도 '어리니'라고 적어야 한다. 모두가 애초에 잘못 만들어진 도우미 탓이다. 도우미야 이제 와서 어쩔 수 없다 하더라도 돌보미·알리미·지키미·오르미 등 이후에 생겨난 말들은 원상회복시켜야 한다.

유명세를
막아야 한다

이름이 알려지면 좋은 일이 많이 생기게 마련이다. 특히 연예인의 경우 가는 곳마다 얼굴을 알아보고 인사를 하거나 많은 사람이 몰려드니 기쁠 수밖에 없다. 이런 경우 "유명세를 탄다"거나 "유명세를 타고 출연이 늘었다" 등의 표현을 쓴다. 이럴 때 '유명세'는 이름이 알려진 덕분에 누리는 혜택을 일컫는 단어로 주로 사용된다.

그러나 유명세(有名稅)는 원래 이와는 반대로 이름이 널리 알려져 있는 탓에 당하는 불편이나 곤욕을 속되게 이르는 말이다. 가수·탤런트·운동선수 등 스타가 치러야 하는 어려움을 세금(稅金)에 비유한 것이다. 일반인이라면 그냥 넘어갈 일도 유명인이기 때문에 문제나 이슈가 되면서 곤욕을 치르는 경우가 이에 해당한다.

특히 연예인들이 유명세를 치르는 경우가 많다. 연예인이 공인 (公人)이냐 아니냐에 대해서는 논란의 여지가 있지만 어쨌거나 유명하기 때문에 연예인에겐 시시콜콜한 것에까지 시선이 쏠리게 마련이다. 개인의 인격과 사생활이 제대로 보호되지 않는 사례도 빈번히 나타나고 있다. 이러한 것들은 억울하겠지만 유명하기 때문에 어쩔 수 없이 치러야 하는 세금인 유명세다. "사생활이 공개돼 브라운관을 떠나는 등 유명세를 톡톡히 치렀다" 등처럼 좋지 않은 일에 쓰인다. '유명세를 치르다' 형태가 맞게 사용되는 예다.

하지만 일반적으론 유명세라는 말을 좋은 곳에 쓰는 경우가 적지 않다. 유명세의 의미를 정확히 모르기 때문이다. 유명세의 '세' 가 세금을 뜻하는 세(稅)가 아니라 기세를 뜻하는 세(勢)인 줄 알고 인기나 이름값 등의 의미로 잘못 사용하는 것이다. "방송 출연 한 번에 유명세", "싸이 유명세에 가짜 싸이 등장", "유명세를 타고 모델료가 껑충 뛰었다" 등의 표현이 그런 예다.

워낙 '유명세'가 기세를 뜻하는 말로 많이 쓰이다 보니 바로잡기가 쉽지 않다. 일반인은 물론 언론에서도 잘못 쓰는 경우가 흔하다. 그러나 언어는 뜻에 맞게 사용하는 것이 원칙이다. 비록 잘못된 의미로 많이 쓰이고 있다 하더라도 본디 뜻에 맞지 않는다면 바로잡는 게 당연하다. "유명세를 탔다" 등처럼 군이 '유명세'를 쓰지 말고 "이름을 떨쳤다", "명성을 얻었다" 등처럼 다른 말로 표현하면 된다.

부부 사이에
터울이 지면 큰일난다

여성의 사회 참여 의식이 높아지고 경제적 어려움이 가중됨에 따라 맞벌이 부부가 늘고 있다. 맞벌이 비율이 43%에 달한다고 한다. 특히 40~50대의 경우 맞벌이 비율이 50%를 넘어섰다. 혼자 벌어서는 자녀를 교육시키며 먹고살기가 힘든 세상이다.

맞벌이를 하면 무엇보다 아이들이 문제다. 어린이집이나 유치원에 아이들을 맡겨야 한다. 이런 곳에 아이들을 맡기더라도 종일 내가 원하는 만큼 돌봐 주는 것이 아니다. 정해진 시간이 있기 때문에 나머지 시간에는 누군가가 이들을 돌봐 주는 것이 필요하다. 대체로 아이들 엄마의 부모님이 이들을 돌봐 주는 경우도 많고 다른

사람에게 맡기는 경우도 있다. 다른 사람에게 맡기는 경우 비용이
만만치 않다.

지금 은퇴기를 맞고 있는 베이비붐 세대는 형제가 네 명은 기본
이고 일곱, 여덟 명인 경우도 적지 않았다. 요즘 젊은 부부들이 생
각하면 상상하기 어려운 숫자다. 맏이와 막내 간의 나이 차이가 많
으면 열 살 이상 나는 경우도 있었다. 그러다 보니 집안에 부모가
없을 경우에는 맏이가 동생들을 돌보는 역할을 했다.

그러나 요즘은 아이를 많이 낳지 않기 때문에 아이가 하나인 집
이 적지 않다. 몇 살 터울로 형제가 있으면 그나마 집안에서 서로
의지하며 지내기가 나으련만 혼자인 아이도 많다. 이럴 땐 적당한
터울의 형제가 아쉽다.

'터울'은 한 어머니에게서 먼저 태어난 아이와 다음에 태어난 아
이의 나이 차이를 뜻한다. 쉽게 얘기하면 형제간의 나이 차이다. 사
람에게 쓰이지만 동물에게도 이 말을 사용한다. 즉 한 어미로부터
먼저 태어난 새끼와 그다음에 태어난 새끼의 나이 차이에도 '터울'
을 쓴다.

"형과 나는 두 살 터울이다", "위로는 한 살 터울의 누나가 있고 아
래로는 두 살 터울의 남동생이 있다", "그들 형제는 터울이 많이 졌
다", "형제간에 터울이 너무 많이 뜨지 않는 게 좋다" 등처럼 쓰인다.

'터울'은 이처럼 형제간이 아니면 쓸 수 없다. 그러나 이러한 의
미도 아랑곳하지 않고 아무 사이나 단순한 나이 차이 또는 어떤 일

의 간격이란 뜻으로 마구 쓰고 있다.

"그들 부부는 네 살 터울이다", "한 살 터울인 이들은 서로 말을 놓고 지낸다", "이들 선수는 두 살 터울로 고교 선후배 사이다", "선생님과 열두 살 터울로 띠동갑이다", "며칠 터울로 송년 모임이 있다" 등이 '터울'을 잘못 쓴 경우다. '터울'의 뜻을 정확하게 모르고 아무에게나 사용하면 실례가 될 수 있다. '터울'은 형제간 나이 차이에만 쓸 수 있다.

우리의 설은
구정이 아니다

설은 추석·한식·단오와 더불어 4대 명절의 하나로 우리 민족의 소중한 문화유산이다. 세시풍속 대부분이 설과 정월 대보름 사이에 집중될 정도로 설은 민족의 잔치로 자리하고 있다. 구한말 양력이 들어온 이후에도 여전히 음력 1월 1일에 설을 지냈다. 1895년 을미개혁으로 이듬해 정식으로 양력 1월 1일을 설로 지정하긴 했으나 '오랑캐의 명절'이라는 관념 때문에 양력설을 쇠는 사람은 거의 없었다.

한일병합(1910)으로 일본 식민통치가 본격화하면서 일제는 우리 문화와 민족정기를 말살하기 위해 우리 명절을 부정하고 일본 명절만 쇠라고 강요했다. 특히 우리 설을 옛날 설이라는 의미의 '구정'으로 깎아내리면서 일본 설인 신정(양력 1월 1일)을 쇠라고 강요했다. 이때부터 신정(新正)에 대비되는 개념으로 구정(舊正)이라는 일본 말이 쓰이기 시작했다.

일제는 (음력)설을 쇠지 못하게 하기 위해 일주일 전부터 방앗간 문을 열지 못하게 하는 등 온갖 방법을 동원했다. 우리 국민은 양력설을 '왜놈 설'이라 부르면서 음력설을 독립운동 하는 심정으로 고수했다. 당시 일제의 강압에 맞서 "양력설을 쇠면 친일매국, 음력설을 쇠면 반일애국"이란 구호를 외칠 만큼 설 명절에 대한 우리의 의식은 깊었다고 한다.

일본에는 음력설이 없다. 일찍부터 서양 문물 도입에 적극적이었던 일본은 메이지 유신 이후 음력을 버리고 양력만 사용하기 시작했다. 일본 역시 과거에는 음력으로 설을 지냈지만 이때부터는 설도 양력 1월 1일로 바꿨다. 일본에서는 음력 개념이 없어져 지금도 양력설만 지내고 있으며, 칠석마저 양력 7월 7일에 쉰다고 한다.

일제에서 벗어난 이후 우리나라에서도 음력설을 인정하지 않거나 함께 지내는 등 곡절을 겪었다. 박정희 정권 때까지는 음력설을 인정하지 않았다. 1985년 5공 정부는 음력설을 '민속의 날'이라는 어정쩡한 이름으로 지정하기도 했다. 1989년에야 정부는 음력설을 '설'이라 명명하고 사흘간 휴무를 주는 대신 양력설에는 하루 휴무를 정했다. 이렇게 해서 설은 제자리를 잡게 됐다.

이처럼 우리나라에선 원래 신정이나 구정이라는 개념이 없었다. 신정과 구정은 일본식 한자어다. 이들 이름은 일제가 설을 쉬지 못하게 하기 위해 신정에 대비되는 개념으로 설을 구정이라 격하한 데서 연유했다. 따라서 가급적 설 또는 설날을 구정이라 부르지 않는 게 좋다. 양력설과 음력설이라는 단어도 마찬가지다. 설은 원래 음력 1월 1일에만 존재하는 우리 전통 명절이다.

조조할인으로
영화를 봐도 될까

유비와 관우, 장비가 모처럼 시간을 내 아침 일찍 극장에 갔다. 장
비에게 표를 사 오라고 시켰더니 잠시 뒤 매표소에서 난리가 났다.
표를 사러 간 장비가 매표소를 때려 부수기 시작했다. 유비와 관우
가 급히 달려가 말리면서 무슨 일이냐고 물었더니 장비가 말했다.

　"글쎄 조조에게만 할인이 된다고 붙어 있잖아요."

　조조할인(早朝割引). 원수 같은 조조에게만 할인이 된다니 성질
급한 장비로서는 매표소를 때려 부술 만도 했다.

　우스갯소리이지만 이 말 속에는 조조(早朝)가 선뜻 의미가 다가
오지 않는 어려운 용어라는 의미도 담겨 있다. 조조는 '이를 조(早)'

와 '아침 조(朝)'가 결합한 단어로, 이른 아침을 뜻한다. 따라서 조조할인은 이른 아침(보통 첫 회)에 요금을 깎아 주는 것을 가리킨다. 이른 아침을 뜻하는 이 '조조'는 조조할인이 아니면 요즘은 거의 쓰이는 일이 없는 한자어이기 때문에 누구에게나 어렵게 다가올 수밖에 없다.

우리와 달리 일본에선 '조조(早朝)'란 말이 흔히 쓰이고 있다. '조조'는 이미 우리에게도 있어 온 단어라 일본식 한자어는 아니지만, 조조할인에서처럼 두루 쓰이고 있는 '할인(割引)'은 일본식 한자어다. 원래 우리나라에선 사용되지 않던 말로, 일제와 함께 이 땅에 들어온 것이다. 순우리말로는 '덜이'나 '에누리'라는 단어가 있지만 '할인'이 워낙 널리 쓰이고 있어 이제 와서 아주 없애고 다른 말로 바꿔 쓰기도 뭣한 단어다.

조조와 함께 조조할인이란 말이 일본에서도 많이 쓰이고 있는 것을 보면 조조할인은 한 묶음의 단어로 일본에서 들어온 것으로 판단된다. 세월이 흐르면서 우리나라에서도 조조할인이란 말이 자리를 잡았고, 노래나 영화 제목에도 등장하듯이 젊은 날의 추억이 배어 있는 단어이기도 하다. 요즘은 백화점이나 홈쇼핑에서도 이 말이 쓰이고 있다. 하지만 조조할인은 무엇보다 지나치게 어렵다는 것이 문제다.

조조할인을 보고 《삼국지(三國志)》 속의 조조를 떠올리는 사람이 장비만이 아닐 수도 있다. '이른 아침 깎아 주기', '이른 아침 덜이',

길다면 그냥 '아침 덜이', '아침 에누리' 등 누구나 이해할 수 있는 쉬운 말로 바꾸는 것이 좋겠다. 마땅치 않다면 '아침 할인'도 차선책으로 하나의 대안이 될 수 있겠다.

면접 볼 때는
마이 입지 마세요

입사 시험에서 면접을 볼 때는 양복을 챙겨 입고 가야 한다. 물론 특수한 직종이라면 달리 입는 경우가 있을지 모르겠지만 대부분의 회사는 양복을 입고 면접에 임하는 것이 기본이다. 그런데 대학생 가운데는 양복이 없는 사람이 있을 수 있다. 양복이 없더라도 요즘이야 면접 시험에 간다고 하면 부모님이 바로 백화점에 가서 좋은 것으로 한 벌 사 주실 것이다. 면접이 너무나 중요하기 때문이다. 입사 시험에서 합격하는 것을 생각하면 요즘 경제 형편에선 양복 가격이 크게 부담이 되는 것은 아니다.

그러나 옛날에는 달랐다. 요즘 대학생들은 양복 한 벌쯤이야 다

있겠지만 옛날에는 그렇지 않았다. 저자가 언론사 면접을 볼 때는 따로 가지고 있는 양복이 없었다. 그래서 윗옷과 아래 바지를 짝짝이로 입고 갔다. 즉 위아래가 다른 무늬여서 누가 봐도 제대로 된 한 벌이 아니었다. 당시 저자로서는 그것이 무슨 문제가 될 것이라는 생각도 없었고 짝짝이로라도 입을 수 있는 양복이 있다는 것이 다행스러웠다.

그런데 면접에서 합격을 하고 난 뒤 어머니께서 이런 말씀을 하셨다. "네가 면접에서 떨어졌으면 내가 두고두고 죄책감이 들었을 것이다. 새 양복을 한 벌 사 주지 못해 짝짝이로 입고 가는 모습을 보고 무척이나 가슴이 아팠다"고 하시는 것이었다. 다행히 합격을 해 그러한 마음을 덜게 됐다고 말씀하셨다.

당시 우리 부모들은 양복을 '가다마이'라고 많이 불렀다. 그냥 '마이'라 부르기도 한다. 요즘도 그렇게 부르는 사람이 적지 않다. "출근할 때는 가다마이를 깔끔하게 챙겨 입고 가야 한다", "선 보러 가는데 가다마이를 입어야지 그게 무슨 옷차림이냐", "예의를 차리는 자리이니 꼭 마이를 입고 와라"고 하는 식으로 '가다마이'나 '마이'라는 말을 쓴다.

양복은 상의 단추가 한 줄로 된 것과 두 줄로 된 것이 있다. 한 줄로 된 것은 싱글 양복, 두 줄로 된 것은 더블 양복이라 한다. 일본어로는 싱글(single, シングル)을 가타마에(片前, かたまえ)라고 하며, 싱글 양복을 지칭하는 말로 쓰인다. 더블(double, ダブル)은 일본어로 료마에

(兩前, りょうまえ)라 한다. 이 역시 더블 양복을 가리키는 말로 쓰인다.

싱글 양복을 뜻하는 가타마에란 말이 우리나라에 들어온 뒤 '가다마이'로 변해 지금까지 사용되고 있다. 가다마이에서 '가다'를 생략하고 간결하게 '마이'라 부르기도 한다. 일상적으로는 가다마이보다 마이란 말이 더 많이 쓰인다. 더블 양복이 그리 흔한 편은 아니지만 이를 뜻하는 료마에는 우리나라에선 요마이로 불린다.

일본어에서 온 말이므로 가다마이나 마이는 싱글 양복, 료마이는 더블 양복으로 부르는 것이 바람직하다. 물론 마이가 료마이를 지칭하는 것이라면 더블 양복이라 해야 한다. 서양식 정장을 부를 때 싱글 양복이냐 더블 양복이냐를 군이 따지지 않고 일반적으로 가다마이 또는 마이라 하는 경향이 있으므로 우리말로 그냥 양복이라고 해도 아무 상관이 없다. 정장이라 불러도 괜찮겠다.

단배식 말고
시무식을 합시다

새해가 되면 직장마다 출근 첫날 신년을 기리는 행사를 열고 본격적인 새해 업무를 시작한다. 대표나 기관장이 훈시를 하고 새해 결의를 다진 뒤 다과회를 베푸는 것이 일반적인 행사 방식이다. 요즘은 일률적인 방식에서 탈피해 이색적인 행사로 신년 인사회를 하는 곳도 많다. 야외 해맞이, 걷기 대회, 사랑의 헌혈 나누기, 도서 기증 행사 등이 진화된 형태의 신년 행사다.

　이러한 신년 행사를 지칭할 때 일반적으로 '단배식'이나 '시무식'이란 말을 쓴다. 이 가운데 단배식에 대해서는 정확한 의미가 무엇인지 궁금해 하는 사람이 적지 않다. 일본식 한자어가 아니냐고 물어오는 사람도 있다. 실제로 단배식은 일본식 한자어이므로 시무식으로 바꿔 써야 한다고 적시해 놓은 자료도 있다.

우선 시무식(始務式)은 연초에 근무를 시작할 때 행하는 의식이란 뜻이며, 시무(始務)는 같은 한자어권인 중국이나 일본, 한국에서 모두 쓰이는 말로 아무 문제가 없다. 단배식(團拜式)은 여럿이 모여 한꺼번에 절을 하는 의식을 뜻한다. 중국에서는 단배(團拜)라는 단어가 쓰이지만 일본에서는 그 용례를 찾기 어렵다.

따라서 단배식은 일본식 한자어는 아니다. 일본식 한자어라고 하면 특이하게도 일본에서만 조합해 쓰는 한자어를 일컫는다. 이일본식 한자어가 우리나라에 들어와 고유한 말을 밀어내고 사용되는 경우 특히 문제가 된다. 단배식은 일본에서 쓰이지 않을 뿐더러 설사 일본에서 쓰인다 하더라도 중국에서 사용되고 있는 말이므로 일본식 한자어라 할 수 없다.

단배(團拜)라는 말은 중국 남송의 학자 주희(朱熹)가《주자어류(朱子語類)》에서 올바른 방식에 대해 풀이해 놓을 정도로 역사가 깊다. 주희는 이 책의 〈잡의(雜儀)〉에서 "단배는 모름지기 둘러서서 해야 한다. 만약 반쯤 나누어 서로 마주 보고 한다면 절할 상대가 없는 경우도 있을 것이다[團拜須打圍拜, 若分行相對, 則有拜不著處]"고 밝히고 있다.

다만 단배식(團拜式)은 여럿이 모여 한꺼번에 절을 한다는 의미만 가지고 있으므로 그 자체로는 신년을 기념하는 행사를 뜻하기에 다소 부족하다. 신년이라는 단어를 넣어 '신년 단배식'이라고 해야 의미가 완전해진다. 이에 반해 시무식(始務式)은 그 자체에 연초 근무를 시작할 때 행하는 의식이란 뜻을 지니고 있다.

또 한 가지 문제는 요즘은 대부분 신년 행사에서 절을 하지 않는다는 것이다. 정치인들처럼 떡 등으로 상을 차려 놓고 절을 하는 경우도 있긴 하지만 이 역시 간단히 고개를 숙이는 정도다. 그 외에는 거의가 대표자나 장의 신년 인사를 듣고 새해 결의를 다지는 식으로 행사가 이루어진다. 따라서 그 내용상 절을 한다는 단배식이란 말이 대부분 어울리지 않는다.

정리하면 단배식이 일본식 한자어가 아니므로 신년 기념 행사를 단배식이나 시무식 어느 것으로 불러도 크게 관계는 없다. 그러나 단배식은 그 자체로는 신년 행사 의미가 부족해 신년 단배식이라 해야 하고, 또한 요즘 신년 행사에서 절하는 사람이 거의 없다는 점에서 단배식보다 시무식으로 부르는 것이 적절하다. 혹여나 단배식의 한자어가 설날 아침을 뜻하는 원단(元旦)의 '旦'이 들어간 '旦拜式'이 아니냐고 생각하는 사람이 있을지 모르지만 이런 단어는 없다.

'엥꼬'부터 '만땅'까지
자동차 관련 일본어

고속도로를 달리거나 먼 길을 갈 때는 차의 연료를 가득 채워야 한다. 연료가 부족하면 갑자기 길이 막히는 경우 낭패를 당할 수 있다. 강원도 등 산간지역에서는 예상치 못한 폭설이 내려 고립되는 경우도 발생할 수 있다. 그래서 멀리 출발하기 전에는 차량 정비도 필요하지만 항상 기름을 가득 채워 넣는 것이 중요하다.

기름을 가득 넣을 때 주유소 직원에게 "만땅 넣어 주세요" 또는 "이빠이 채워 주세요"라고 하는 사람이 적지 않다. "기쁨 만땅, 행복 이빠이"처럼 일상에서도 '만땅'과 '이빠이'란 단어가 많이 쓰인다.

그러나 만땅과 이빠이는 일본말이다. 만땅은 '찰 만(滿)'자에 영

어의 탱크(tank)를 합성한 일본식 조어다. 일본 발음으론 만탕쿠(まんタンク)인데 줄여 만땅이라 하는 것이다. 이빠이는 일본에서 한자로 일배(一杯)라 적고 잇파이(いっぱい)라 읽는 단어가 우리나라에 들어와 사용되는 것이다. 만땅과 이빠이 모두 '가득' 또는 '가득히'라는 뜻으로 쓰이고 있다.

만땅과 반대로 '엥꼬'라는 단어도 사용된다. 엥꼬(えんこ)는 일본에서 자동차 등이 고장 나 움직이지 못하는 상태를 뜻하는데 우리나라에선 기름이 떨어진 상태를 의미하는 말로 쓰인다. 즉 "차가 엥꼬가 났다"고 하면 우리나라에선 차의 기름이 떨어졌다는 뜻이다. 일본에서는 이렇게 쓰면 차가 고장 나 움직이지 못한다는 의미다. 우리말로 쉽게 얘기하면 "차가 퍼졌다"는 말이다.

자동차와 관련해선 '기스'란 단어도 많이 쓰인다. "간밤에 누가 그랬는지 차에 기스가 났다", "자동차 기스를 복원해 드립니다" 등처럼 사용된다. 한자 상(傷)에 해당하는 일본말이 '기스'다. 우리말로는 상처·흠·흠집·결점·티 등을 뜻한다. "기스가 났다"는 "상처(흠·흠집·티)가 났다"고 하면 된다.

만땅과 이빠이는 '가득'이나 '가득히'로 대체할 수 있으므로 주유소에서 "만땅요", "만땅 넣어 주세요", "이빠이 채워 주세요"라고 하지 말고 "가득(히) 넣어 주세요", "가득(히) 채워 주세요"라고 해야 한다. '기쁨 만땅, 행복 이빠이'는 '기쁨 가득, 행복 충만'이라고 바꿔 쓰면 된다.

소라색에는
소라가 없다

바닷가엔 소라들의 슬픈 얘기 있어요

바람에 실린 파도에 밀린 작은 모래성이 있어요

바닷가엔 조그마한 모래성이 있어요

사람들이 놀다 버린 작은 모래성

하늘엔 먹구름이 잔뜩 몰려와

소라의 슬픈 노래를 모두 가져가도

바닷가에 여름 가고 가을이 와도

쓸쓸한 백사장엔 소라만 외롭답니다

1980년대 활동했던 배따라기의 〈바닷가엔〉이라는 노래 가사다. 여름날 바닷가의 추억을 소라의 슬픈 얘기나 외로움에 비유하고 있다. "바다엔 소라 저만이 외롭답니다. 허무한 희망에 몹시도 쓸쓸해지면 소라는 슬며시 물속을 그린답니다"로 시작하는 조병화의 시 〈소라〉도 무언가 바닷가의 애잔한 추억을 생각나게 한다.

이처럼 소라는 바다와 여름날 추억을 연상케 하는 매개체 역할을 한다. 그렇다면 '소라색'이라고 하면 떠오르는 빛깔은 무엇일까. 일반적으로 하늘색을 소라색이라고 부른다. 그러나 실제 소라는 녹갈색(녹색을 띤 갈색)이다. 왜 원래 색깔과 달리 소라색은 하늘색이 됐을까. 아마도 '소라'라고 하면 여름날 푸른 바다나 파란 하늘이 연상돼 소라색이 하늘색이 됐을 것이라 생각하기 쉽다. 이를테면 시적 표현이라고나 할까.

하지만 소라색이 하늘색이 된 연유는 다른 데 있다. 바다의 소라와는 아무 관련이 없다. 하늘색의 한자어는 공색(空色)이다. 여기에서 '빌 공(空)'자만 떼어 내 일본어로 읽으면 소라(そら)가 된다. 따라서 소라색은 일본말 소라(そら)에 한자어 색(色)이 붙은 것이다. 즉 소라(そら)와 색(色)을 더한 구조로 일본말과 우리말이 결합한 어중간한 형태다. 소라색은 사전에도 올라 있지 않다.

곤색도 이런 식이다. 어두운 남색을 뜻하는 감색(紺色)의 감(紺)자를 일본어로 읽으면 곤(こん)이 된다. 이 역시 곤(こん)과 색(色)을 더한 구조로 일본말과 우리말이 결합한 형태다. 이런 말들은 일제의

유산이다. 일본어를 강요당하던 그 당시 사용되던 말이 아직까지 내려오는 것이다. 우리말에는 없는 새로운 개념이나 이름이라면 몰라도 우리말을 두고도 소라색이나 곤색처럼 일본말과 우리말이 뒤섞인 어설픈 형태를 사용할 필요는 없다.

단도리 대신
채비를 해야 한다

우리가 쓰는 말 중에는 일본말(또는 일본식 한자어)이 적지 않다. 그 가운데는 일본말인 줄 알면서도 사용하는 것이 있고, 일본말인 줄 전혀 눈치채지 못하고 쓰는 것이 있다. 대부분 사람이 일본말이라 의심하지 않고 당연히 우리말이겠거니 하면서 사용하고 있는 단어가 '단도리'다.

"아침저녁으로 쌀쌀하니 긴 옷으로 단도리를 해라", "요즘 아이들은 빗나가기 쉬우므로 단도리를 잘해야 한다" 등처럼 일상생활에서 단도리가 흔히 쓰이고 있다. "이런 일이 터지기 전에 정부가 제대로 단도리를 하지 않고 무얼 했나", "지표상으론 문제가 없다면서 정부가 단도리에 신경을 쓰는 사이 실물경제는 악화하고 있다"는 등 언론에서도 단도리란 단어가 심심치 않게 등장한다.

그러나 단도리(段取り, だんどり)는 일본말이다. 일을 해 나가는 순서·방법·절차 또는 그것을 정하는 일을 의미하는 일본어다. 이 단도리가 우리나라에 들어와 준비나 채비, 단속 등의 뜻으로 쓰이고 있다. "일을 잘 단도리해라"와 같이 '마무리'라는 의미로 사용되기도 한다. '도리'가 들어간 우리말(윗도리·아랫도리·목도리·장도리 등)이 적지 않으므로 단도리도 대부분 우리말이려니 하며 쓰고 있다.

채비나 단속을 뜻하는 순우리말로는 원래 '잡도리'가 있다. "이번에 잡도리를 못하면 더 버릇없는 사람이 되고 말 것이다"처럼 쓰이지만 지금은 거의 사용되지 않고 있다. 고유어인 잡도리가 한자어인 채비나 단속, 일본말인 단도리에 밀려 사라져 가고 있는 셈이다. 잡도리와 비슷한 뜻의 고유어로는 '당조짐(정신을 차리도록 단단히 단속하고 조임)'도 있다.

일본말이나 일본식 한자어는 대부분 일제강점기에 들어와 아직도 그대로 사용되고 있는 것이다. 단도리 역시 우리말 속에 남아 있는 일제 잔재라 볼 수 있다. 단도리 대신 잡도리나 당조짐을 사용하는 것은 한자어나 일본어에 밀려난 순수 우리말을 되찾는 길이다. "아랫사람을 잘 잡도리해야 한다"처럼 잡도리를 쓰는 버릇을 들이면 좋겠다. 문맥에 따라 '채비'나 '단속'이란 말을 사용해도 된다.

전혀 진취적이지 않은
전향적이란 말

무슨 일을 획기적으로 바꾸는 것은 참 좋은 일이다. 특히 문제가 있는 상황을 긍정적으로 바꾸는 것이라면 누구나 환영할 일이다. 이럴 때 많이 쓰이는 말이 '적향적'이다. "요구사항을 전향적으로 검토하겠다", "이번 회의에서 전향적인 결과가 나오기를 기대한다", "진지하게 검토하고 전향적으로 수용해야 한다" 등처럼 전향적이라는 말을 많이 쓰고 있다.

　하지만 이 '전향적'이란 단어는 의미가 바로 다가오지 않는다. "적극적으로 검토하겠다", "진취적인 태도가 필요하다", "발전적인 결과가 나오기를 기대한다", "긍정적으로 수용해야 한다", "남보다 앞서 가고자 하는 욕구가 있다" 등으로 바꿔 놓으면 뜻이 훨씬 분명해진다.

"적절한 식생활로 영양소를 충분히 보급해 주면 전향적(轉向的)인 성격을 갖게 된다", "잘못을 하는 경우에도 전향적(轉向的)으로 생각할 수 있어야 한다", "자신이 처한 환경 속에서 전향적(前向的)으로 살아가는 주인공을 묘사했다", "이혼에 대해 전향적(前向的)인 가치를 부여하고 있다" 등 '전향적'에 쓰이는 한자도 '轉向的'이나 '前向的' 등으로 제각각이다.

왜 이렇게 뜻도 모호한 단어가 한자도 제각각으로 쓰이고 있을까. 일본식 한자어로, 이전에는 쓰이지 않던 것이 우리말에 파고들어 정확한 개념도 없이 사용되고 있기 때문이다. 정부가 발표한 일본어투 용어 순화자료에는 '전향적'이 일본식 한자어이니 적극적·진취적·앞서감 등으로 고쳐 쓰라고 돼 있다.

순화자료를 옮기면서 대부분의 다른 자료가 한자 '前向的'을 '轉向的'으로 잘못 표기함으로써 혼란이 생겼다. 표준국어대사전에는 '前向的'으로 정확하게 올라 있다. '轉向'은 '사상 전향' 등처럼 방향을 바꾼다는 뜻이므로 풀이와 맞지 않는다. 적극적·진취적·앞서감의 뜻이라면 앞으로 향함을 의미하는 '前向'이 맞다. 이제 와서 이 단어를 아주 안 쓰기가 뭣하다면 줄여 쓰기라도 해야 한다.

유도리 있게 굴라 하니
융통성이 없지

자기계발 및 성공 심리학 전문가인 콜린 터너는 "일에는 유능한데도 그다지 빛을 보지 못하는 사람이 흔히 있다. 이런 사람은 대부분 융통성이 없이 고지식하기만 하다. 사고방식이 완고하거나 부정적이다. 유머 감각이 없기 때문에 명랑한 농담을 건네지도 받아들이지도 못한다. 유쾌하게 웃는 일 따위는 좀처럼 보기 힘든 사람이다"고 말했다(이용일 옮김, 《자신이 바라는 존재가 되라》).

세상을 살아가는 데 없어서는 안 될 요소가 융통성과 유머라는 얘기다. 특히 톱니바퀴처럼 맞물려 돌아가는 조직생활에서는 융통성이 윤활유 역할을 해 준다. 맡은 일 자체는 잘 처리한다 해도 연관 업무와 대인 관계 등에서 상황에 따라 적절하게 대응할 수 있는 융통성이 없으면 조직생활을 부드럽게 해 나가는 데 어려움을 겪는다. 주변 사람을 피곤하게 만들기도 한다.

이처럼 융통성이 없는 사람을 가리켜 보통 '유돌이(유도리)'란 말을 사용해 '유돌이(유도리)가 없는 사람'이라 부른다. 기계 작동장치의 헐거운 정도(유격), 기계가 맞닿는 부분의 마찰을 덜기 위해 쓰이는 기름, 일이나 대인 관계가 부드럽게 돌아가게 해 주는 무엇 정도의 의미를 연상하며 유돌이 또는 유도리란 말을 쓰곤 한다. 그러나 유돌이·유도리는 사전에 없는 말이다.

유돌이·유도리는 시간·금전·기력 등의 여유를 뜻하는 일본어 유도리(ゆとり)에서 온 것이다. 얼마 전 일본에서는 2003년부터 시행된 고등학교의 '여유 있는 교육', 즉 스스로 생각하는 교육을 기치로 한 주5일제 수업과 교과내용 30% 감축 등 유도리(ゆとり) 교육이 학생들의 기초학력을 현저히 약화시켰다는 비판이 일기도 했다. 이럴 때 일본에서 쓰이는 말이 유도리다.

유돌이와 유도리는 상황에 따라 융통성·여유·이해심 등 우리말로 적당히 표현하면 된다. "그렇게 유돌이(유도리)가 없어서 세상을 어떻게 살아가느냐", "아무리 성수기라 하더라도 한두 자리는 유돌이(유도리)가 있게 마련이다", "따뜻한 말로써 감싸 주는 아량과 유돌이(유도리)를 보여야 한다"에서는 각각 융통성·여유·이해심으로 바꿔 쓰면 된다.

닭도리탕 말고
닭볶음탕 주세요

한국인이 좋아하는 음식 메뉴 가운데 하나가 닭도리탕이다. 저자
가 다니는 회사 근처에 닭도리탕을 맛있게 하는 집이 있는데 점심
때고 저녁때고 자리가 없어 한참을 줄 서 기다려야 한다. 닭도리탕
은 일반적으로 나이 드신 분들이 좋아하는 것으로 생각하기 쉽지
만 젊은 직장인들도 무척이나 좋아하고 즐겨 찾는 요리다.

닭고기 요리는 삼계탕·백숙·튀김·구이·볶음 등 다양하지만 그
중에서도 닭도리탕이 인기를 끄는 것은 닭과 함께 졸아든 양념의
얼큰하면서도 달착지근한 맛 때문이 아닐까 싶다. 특히 젊은이들
을 사로잡기 위해 맛이 더욱 개발된 덕분이 아닐까도 생각된다. 식

사로도 괜찮지만 얼큰한 맛 때문에 술안주로도 잘 어울리는 요리다. 합리적인 가격에 술안주 겸 식사로 삼기에 제격이다.

이렇게 다들 좋아하는 닭도리탕의 '도리'가 무슨 뜻인지 궁금한 사람이 있을 것이다. 도리는 순우리말인 듯하지만 그렇지 않다. 도리(鳥, とり)는 새 또는 닭을 뜻하는 일본말이다. 가족이나 친구들이 모이면 즐겨 하는 화투 놀이 고스톱(go-stop)의 약(約) 중에 '고도리'라는 것이 있는데 이 역시 '도리'가 들어간 일본말이다. 화투짝 매조(한 마리), 흑싸리(한 마리), 공산(세 마리) 석 장에 모두 다섯 마리의 새가 그려져 있다고 해서 일본어로 고도리(五鳥, ことり)라 부른다.

도리는 우리말의 닭이 일본으로 건너가 받침이 없는 일본어에서 '닭〉두리 〉도리'의 변화 과정을 거쳤을 것이라고 추정하는 학자도 있다. 어쨌든 우리말과 일본어 도리가 결합한 닭도리탕은 '닭+닭(도리)+탕(湯)'이 되는 셈이어서 의미상으로도 겹말이다.

국립국어원이 제시한 우리말 순화 용어는 닭볶음탕이다. 서로 어울릴 것 같지 않은 '볶음'과 '탕'이 결합한 볶음탕은 다소 부자연스러워 보이기는 한다. 또 볶음탕이란 단어가 다른 음식에는 없는 말이어서 '닭볶음탕'이 널리 쓰이지는 못하고 있다. 그러나 간혹 식당에 가면 '닭볶음탕'이라고 적어 놓은 곳도 눈에 띈다. 이런 것에 관심이 많은 저자로서는 참 반가운 일이다. 말이라는 게 그렇다. 처음에는 어색하지만 이렇게 자꾸 쓰다 보면 익숙해진다.

땡땡이 원피스는
이제 그만 입자

지금도 그런지 모르겠지만 저자가 학교 다닐 때 '땡땡이친다'나 '땡땡이 부린다'는 말을 많이 사용했다. "야, 오늘 학교 가지 말고 땡땡이칠까?", "숙제를 하지 않고 땡땡이를 부렸다" 등처럼 학교에 빠지거나 게으름을 피울 때 이런 말을 사용했다. "쟤는 놀고먹는 땡땡이야"처럼 '땡땡이'는 해야 할 일을 하지 않고 게으름을 피우는 짓 또는 그런 사람을 가리킨다. 사회에서도 "야, 오늘 땡땡이 부릴까?"처럼 맡은 바 일을 하지 않고 게으름을 피울 때 '땡땡이'라는 말을 사용한다.

이때의 땡땡이는 무엇을 가리킬까? 땡땡이는 '땡땡' 소리가 나는 물건, 즉 종(鐘)을 가리킨다는 견해가 있다. 사전에도 땡땡이가 종을 속되게 이르는 말이라고 나와 있는 것을 보면 '땡땡이친다'에서 '땡땡이'도 종을 가리키는 게 맞다는 것이 일반적 견해다. 종은 주로 '치다'와 어울리므로 '땡땡이친다'는 '종을 친다'와 같은 표현이 된다는 것이다.

예전에는 학교에서 종을 칠 때 수업 시작 종과 마무리 종의 소리가 달랐다. 종을 치는 횟수에 따라 시작과 끝이 구별됐던 것이다. 운동장 조회를 알리는 종은 연속해서 "땡땡땡땡" 친 것으로 기억된다. 요즘 학교는 종도 전자식으로 바뀌어 주로 음악을 이용하는 것으로 알고 있다. 학교 하면 연상되는 것 가운데 하나가 교정에 걸려 있던 종이었는데 시대가 많이 변했다.

게으름을 부릴 때 쓰이는 땡땡이 말고 다른 뜻으로 쓰이는 땡땡이도 있다. 물방울무늬를 보통 땡땡이라고 한다. 물방울무늬가 동그랗게 생겨 아마도 종과 비슷하다고 해서 '땡땡이'라 부르는 것으로 생각할 수도 있다. 물방울이 부풀어 있는 모습에서 '땡땡' 종을 칠 때 퍼져 나가는 소리가 연상돼 그런지도 모르겠다. 하지만 이때의 '땡땡이'는 종과 관련이 있는 것도 아니고 원래 우리말도 아니다.

물방울무늬를 지칭하는 '땡땡이'는 일본말에서 온 것이다. 점점이·물방울에 해당하는 일본어 덴텐(点点, てんてん)에 접미사 '-이'가 붙어 만들어진 말이다. '땡땡이 가라'에서 가라(柄, がら) 역시 무늬·모양을 뜻하는 일본말이다. '땡땡이 가라'라는 말이 한 묶음으

로 사용되는 일이 많은 것을 보면 이때의 땡땡이는 일본어 덴텐에서 온 말이라는 것에 신뢰가 간다.

'땡땡이 가라'처럼 패션과 관련해서는 특히 외래어가 많이 쓰인다. 패션에서 사용되는 외래어가 전문 용어라도 되는 양 생각하기 때문에 더욱 이러한 현상이 일어난다. 그러나 우리말로 충분히 표현이 가능한 단어는 바꿔 써야 한다. '땡땡이'는 물방울, '땡땡이 가라'는 물방울무늬, '땡땡이 패션'은 물방울 옷맵시 또는 물방울 유행으로 고쳐 쓰는 것이 바람직하다.

가스 불에 지글지글
튀겨야 돈가스

어린아이나 젊은 사람들에게 인기 있는 음식 메뉴가 비후가스나 돈가스다. 아마도 처음 접하는 서양 음식이 이것이 아닐까 싶기도 하다. 저자의 경우 대학에 다닐 때 양식당에 가서 이런 것을 처음 먹어 봤다. 그때 포크와 나이프도 처음 사용해 봤다.

어쨌거나 인기 있는 음식인 비후가스·돈가스 또는 생선가스에는 왜 '가스'라는 말이 들어갔을까. 가스 불에 지글지글 튀긴 음식이라 가스란 말이 붙었을까. 아니면 부탄가스·프로판가스처럼 가스의 일종이라도 된다는 말인가. 물론 그렇지는 않다.

여기에서의 가스는 영어 커틀릿(cutlet)의 일본 발음에서 유래한

것이다. 커틀릿은 소·돼지 등의 고기를 납작하게 썰거나 다져서 그 위에 빵가루를 묻혀 기름에 튀긴 요리를 뜻한다. 일본 사람들은 이 커틀릿을 제대로 발음하지 못해 가쓰레쓰(ヵッレッ)라고 불렀다. 이 것을 줄여 다시 가쓰(ヵッ)라고 칭했다. 쇠고기를 뜻하는 비프(beef) 는 비후로 발음함으로써 비프커틀릿(beef cutlet)이 비후가쓰가 됐다.

돈가스는 돼지고기로 만든 커틀릿인 포크커틀릿(pork cutlet)을 이 르는 말이다. 일본인들이 포크 대신 한자어 돼지 돈(豚)자를 붙여 돈가쓰(とんヵッ)라 부름으로써 생겨난 이름이다. 요즘은 여기에 피 시커틀릿(fish cutlet)을 뜻하는 생선가쓰(魚ヵッ)라는 말이 추가됐다. 현재 우리는 된소리를 쓰지 않는 외래어 표기원칙에 따라 비프가 스·돈가스·생선가스로 표기하고 있다. 원래 영어식 이름도 아니고 전적으로 일본식 명칭도 아닌 어중간한 표기를 하고 있는 것이다.

어떤 이는 이들 음식이 원래는 서양식이지만 일본으로 건너가 그들의 입맛에 맞게 변화하면서 생겨난 이름이므로 비후(비프)가스 나 돈가스 등의 일본식 이름을 그대로 사용하는 것이 맞다고 얘기 한다. 우리에게 이미 익숙해진 명칭이라는 점도 내세운다. 그러나 국적 불명의 이름이므로 원래 영어 이름대로 비프커틀릿·포크커 틀릿·피시커틀릿으로 불러야 한다고 주장하는 사람도 있다. 실제 로 글을 쓸 때 어느 쪽으로 표기해야 하는지 망설여지기 일쑤다.

국립국어원은 돈가스의 경우 '돼지고기 너비 튀김(밥)', '돼지고 기 튀김' 등 우리말로 바꿔 쓰라고 사전에서 권하고 있다. 하지만 설명조의 긴 말이거나 요리방식 등 의미를 제대로 반영하지 못하는 용어여서 대체어로서의 효용성이 떨어진다. 그렇다고 영어식 원래 이름을 두고 어중간한 일본식 명칭을 사용하는 것도 그리 내키지 않는 일이다. 이도 저도 마뜩하지 않다면 원어인 비프커틀릿·포크커틀릿·피시커틀릿을 그대로 사용하는 것이 낫겠다.

망년회를 할까,
송년회를 할까

연말이 되면 연말 모임을 알리는 전화나 문자 메시지가 수시로 날아든다. 혹 내키지 않거나 그리 즐거운 마음이 아니더라도 직장 동료·친구·동창끼리 모여 얼굴을 마주하며 한 해를 보내는 아쉬움을 나누는 일을 피해 가긴 어렵다. 평소 마시지 않던 술도 연말 모임에서는 마시게 된다. 저녁에 모여 술을 마시면서 연말 모임을 하는 것이 관례였지만 요즘은 점심으로 간단하게 하거나 아예 연극을 보거나 연주를 감상하면서 송년회를 대신하기도 한다.

이러한 연말 모임을 망년회라 많이 부른다. 망년회(忘年會)의 '망년'은 망년지교(忘年之交) 또는 망년지우(忘年之友)에서 온 말이다. 나

이를 따지지 않고 사귀는 벗을 망년지교(망년지우)라 한다. 인품이 훌륭한 사람이 있으면 나이의 많고 적음을 떠나 서로 친구로 사귄다는 뜻이다. 중국 당나라 때 이연수(李延壽)가 지은 역사책《남사(南史)》의 〈하손전(何遜傳)〉에 나오는 말이라고 한다.

일본에서는 섣달그믐께 친지끼리 모여 흥청대는 세시민속이 있었는데 망년지교에서 글자를 따 망년(忘年) 또는 연망(年忘)이라 불렀다고 한다. 이것이 망년회의 뿌리가 됐다. 하지만 망년지교의 '망년'과는 의미가 많이 다르다. 망년회를 글자 그대로 풀이하면 한 해(年)를 잊는(忘) 모임(會)이란 뜻이다. 먹고 마시면서 한 해를 잊는다는 의미가 담겨 있다.

일본의 망년회와 달리 우리는 연말 모임을 송년회(送年會)라 불렀다. 송년은 한 해를 보낸다는 의미로, 묵은해를 보내고 새해를 맞이한다는 뜻의 송구영신(送舊迎新)과 맥을 같이한다. 따라서 송년회는 차분히 한 해를 되돌아보고 새해를 준비하는 자리라는 의미다. 먹고 마시며 한 해를 잊어버린다는 뜻의 망년회와 확연히 다르다.

망년회는 일본식 표현이므로 우리식으로 송년회라 부르는 것이 좋다. 망년 모임, 망년 술자리, 망년 등반, 망년 여행 등도 송년 모임, 송년 술자리, 송년 등반, 송년 여행 등으로 바꿔 쓰는 것이 바람직하다. 망년회는 '망'자가 '망할 망(亡)'자 같아서 어감도 좋지 않다.

가라오케에서 부르는
십팔번 노래

요즘은 여럿이 모여 한잔 들어가면 노래방으로 이동해 한 곡조 읊는 것이 일반화됐다. 노래방에 들르지 않고 헤어지면 무언가 빠진 것 같은 느낌이 들기도 한다. 노래방에서 십팔번을 한 곡조 멋들어지게 부르고 가야 아쉬움이 덜하다. 누구에게나 십팔번이 있다. 이처럼 막연하게 '십팔번'이라 부르는 말은 어디에서 왔을까.

  십팔번은 일본의 대중 연극 가부키(歌舞伎)에서 나온 말이다. 약 400년 전통을 가진 가부키는 여러 장(場)으로 구성돼 있으며, 장이 바뀔 때마다 간단한 막간극을 공연한다. 17세기 무렵 이치카와 단주로(市川団十郎)라는 배우가 가문에서 내려오는 가부키 단막극 중에 크게 성공한 열여덟 가지 기예(技藝)를 정리했는데, 사람들은 이것을 가리켜 광언(狂言, 재미있는 희극) 십팔번(十八番)이라 불렀다고 한다.

이 십팔번은 일본 사람들이 가장 높이 평가하는 희극이며, 점차 '자랑으로 하는 일'에 십팔번이란 말을 사용하게 됐다고 한다. 이 말이 우리나라에도 들어와 아무런 거리낌 없이 흔히 쓰이게 됐다. 단골노래·애창곡·장기 등 우리말로 바꿔 쓸 수 있는 용어다.

이왕 노래를 한 곡 하려면 반주가 있어야 하는데, 노래 반주 또는 그런 업소를 가리키는 가라오케 역시 일본에서 건너온 말이다. 일본어로 '비어 있다' 또는 '가짜'를 뜻하는 가라(から, 空)에 관현악단을 뜻하는 영어의 오케스트라(orchestra)가 합쳐져 생긴 말이다. 1980년대 유흥가 주점을 중심으로 이런 형태의 업소가 우리나라에도 급속히 퍼졌다. 우리말로는 녹음반주 또는 노래방으로 바꿔 쓸 수 있다.

이 밖에도 나시(소데나시·민소매), 반까이(만회), 곤조(성깔·근성), 찌라시(광고 쪽지), 쿠사리(핀잔), 스키다시(곁들임), 아나고(붕장어), 요지(이쑤시개) 등 일본말을 많이 사용하고 있다. 우리가 쓰는 단어 중에 일본어나 일본식 한자어가 15%나 된다고 주장하는 학자도 있다. 우리말로 대체할 수 있는 일본말이나 일본식 한자어는 바꿔 쓰도록 노력해야 한다.

제4장

문자 메시지나 SNS에서 주의해야 하는 단어

우리는 오늘도 수없이 많은 문자 메시지를 받고 또 보낸다. 페이스북·트위터·블로그 등 소셜네크워크서비스(SNS)를 통해서도 다른 사람과 소통한다. 문자메시지나 SNS 등에서는 속도가 생명이다. 그러나 속도와 편리성을 중시하다 보니 '꺽엇어', '안 햇어' 등처럼 쌍기역(ㄲ)이나 쌍시옷(ㅆ) 받침이 사라져 가고 있다. 그것도 모자라 '아라써', '머거여' 등처럼 웬만하면 받침을 쓰지 않는다. '생선', '생파'처럼 지나치게 줄인 말을 사용하는 경우도 많다.

특히 문자 메시지를 보낼 때 대충 적어도 의미가 전달되기 때문에 맞춤법이 엉망인 사람이 적지 않다. 아픈 사람에게 "빨리 낳으세요"라고 해서 아기를 빨리 낳으라고 하는 이가 많다. 또 '곱셈추위', '공항장애', '여과생활', '바람물질', '사생활치매', '임신공격' 등 단어의 철자를 대충 적음으로써 그 사람의 맞춤법 실력을 고스란히 드러내는 경우도 있다. 아무리 속도나 편리성이 중요하다고 해도 이렇게 단어의 철자를 엉터리로 적는다면 그 사람의 지적 수준이 의심받을 수도 있다.

발목 다친 사람한테
아기 낳으라 한다

아르바이트 전문 구인구직 사이트인 알바몬이 대학생 617명을 대상으로 맞춤법 설문조사를 실시한 결과 맞춤법 실수 1위가 "감기 빨리 낳으세요"처럼 '낳으세요'를 잘못 쓰는 경우(26.3%)인 것으로 나타났다. '나으세요'를 쓸 자리에 '낳으세요'를 쓰는 것이다.

한번은 유명 남성 그룹의 한 멤버가 연습 중 발목을 다치는 일이 발생했다. 인기만큼이나 그의 SNS에는 팬들의 댓글이 넘쳐 났다. 댓글 가운데는 "오빠 빨리 낳으세요. 대신 아파 주고 싶은데 방법이 없네요", "오빠가 아프면 우리도 아파요. 빨리 낳아야 돼요" 등처럼 '낳으세요' 표현이 적지 않았다. 모두가 빨리 나아서 무대로 돌아오기를 바라는 간절한 마음을 담고 있다.

하지만 '낳으세요'라면 아기를 낳으라는 얘기다. '낳으세요'는 '낳다'의 어간 '낳'에 공손한 요청을 나타내는 '-으세요'가 붙은 형태다. '낳다'는 배 속의 아이를 몸 밖으로 내놓는 행위, 즉 출산을 의미한다. 따라서 '빨리 낳으세요'는 아기를 빨리 출산하라는 말이 된다. "오빠 빨리 낳으세요"라고 했으니 발목을 다친 사람에게 빨리 아기를 낳으라고 다그치는 격이 돼 버렸다.

유명 가수가 자신의 트위터에 "사장님 허리 빨리 낳으세요"라는 글을 올린 것이 화제가 된 적도 있다. "낳으세요? '나으세요' 아닐까요? 사장님이 여자? 순산을 기대하시는 건가? '나으세요'인 것 같은데 얼른 수정하세요"라는 다른 사람의 지적에 아차 하고 고친 일이 있었다.

병이나 상처가 원래대로 회복되는 것은 '낳다'가 아니라 '낫다'다. '낫다'는 '나아, 나으니, 낫는' 등으로 활용된다. '-으세요'라는 어미가 붙을 때는 시옷이 탈락해 '나으세요'가 된다. 따라서 오빠가 빨리 회복되기를 바란다면 '빨리 나으세요'라고 해야 한다. 간혹 '낫으세요'라고 쓰는 사람도 있는데 이 역시 잘못된 말이다.

물론 '나으세요'를 '낳으세요'로 쓰는 건 단순한 실수라고 볼 수도 있다. 그러나 이런 실수가 너무 많은 게 문제다. '낳으세요'와 같은 실수가 자주 나온다면 그 사람의 지적 수준이 의심받을 수도 있다.

엄마를 잃은,
마마 잃은 중천공

요즘 '놀라운 맞춤법'이 인기다. 알고 그러는지 몰라서 그러는지는
확인할 길이 없지만 인터넷이나 카톡 등에서 대화를 하면서 오고
간 기발하고도 웃기는 맞춤법을 모아 놓은 것이 관심을 끌고 있다.

대표적인 것이 '마마 잃은 중천공'이다. "진짜 갈 거야?"라는 물
음에 "엉. 마마 잃은 중천공이라고, 가야지"라는 대답이 돌아온다.
"아 제발···. 남아일언중천금이라고. 돌았나, 신짜", "그거나, 그거
나", "마마를 왜 잃어"라는 대화가 이어진다. 상상력만큼은 높이 사
줘야 할 것 같다. 중천공이 엄마(마마)를 잃었으니 얼마나 중대하고
도 급박한 일인가.

웃기는 맞춤법에는 이 밖에도 "연낙 안 하고 싶엇는대, 진짜 더 이상은 한개다…. 나는 아직도 니가 내 인생의 발여자라고 생각하는대"처럼 대충 소리 나는 대로 적은 것이 대부분이다. 발음대로 적당히 적다 보니 틀린 글자가 수두룩하다. "나보고 일해라 절해라 하지 마", "갈수록 미모가 일치얼짱", "골이 따분한 성격", "힘들면 시험시험 하라고"도 있다.

오회말카드·어르봉카드·지구온나나·아맹어사·사생활치매·유교전쟁·바람물질·곱셈추위·명예회손·동물확대·에어컨 시래기·장례희망 역시 웃음이 나오게 한다. 회계모니 싸움, 덮집회의, 멘토로 삶기 좋은 인물, 나물할 때가 없는 맛며느리감, 삶과 고인의 명복을 빕니다 등도 마찬가지다.

부랄이던 눈, 수간신청, 숯처녀 등과 더불어 "'오랄을 받아라'는 말이 무슨 뜻이죠?"라는 질문에 이르면 포복절도를 하고 만다(포복졸도가 아님). 더한 것도 있다. '수박 겁탈기'다. 이 무슨 해괴망측한 말인가(회계망칙이 아님). 상상력을 칭찬해야 할지 무지막지한 맞춤법에 울어야 할지 판단이 서질 않는다.

이처럼 맞춤법이 틀리는 것은 그 사람의 지적 수준이 의심받을 뿐 아니라 이성 관계에도 영향을 미칠 수 있다. 한 인터넷 회사가 20~30대 미혼 남녀를 대상으로 '맞춤법과 호감도의 상관관계'를 설문조사한 결과 맞춤법을 틀리는 이성에 대해 호감이 떨어진다고 대답한 사람이 남자는 65.2%, 여자는 78.3%에 달했다.

맞춤법을 제대로 모르면 취업에도 불리하다. 한 취업 포털사이트가 기업 인사담당자들을 대상으로 조사한 결과 79%가 "서류 전형에서의 지원자 실수가 부정적인 영향을 미친다"고 답했다. 가장 치명적인 실수로 잦은 오타, 문법 오류를 꼽았다. 취업에서 자기소개서 작성이 중요하다 보니 취업준비생들이 그룹 스터디 등으로 국어 맞춤법 공부를 따로 하는 경우도 늘고 있다고 한다.

'마마 잃은 중천공'과 '수박 겁탈기'의 창의력과 상상력을 긍정적으로 연결하기 위해서는 맞춤법에 더욱 신경을 써야 한다.

어의없으니
임신공격 하지 마세요

어의업내요. 맞춤법 좀 틀린다고 공항장애니 바람물질이니 하시는 분들, 지금 임신공격하세요? 안 그래도 수간신청 망해서 기분 않 좋은데 일해라 절해라 하지 마세요. 대학 나왔다고 맞춤법 잘 알 거라는 고정간염도 버리세요. 시럽계 가려다가 오회말카드 마킹 잘못해서 입문계 된 거니까요. 님들이 비난하는 것도 어면한 사생활치매거든요. 맞춤법보다는 아동확대, 덮집회의 등 다른 이슈에 간심 가지는 게 낳을 듯해요.

인터넷에 올라 있는 글을 그대로 옮긴 것이다. 처음부터 끝까지 너무도 철저하게 맞춤법이 파괴돼 있어 진짜라고 믿기지는 않는다. 아마도 누군가 웃기는 맞춤법을 모아서 나름대로 작문을 한 것이 아닌가 생각된다. 그렇더라도 여기에 나오는 잘못된 맞춤법은 실제로 문자 메시지나 인터넷 댓글 등에서 자주 등장하는 것이다.

최근 한 취업 정보업체가 대학생을 대상으로 맞춤법 실수 중 가장 거슬리는 것을 조사한 결과도 이들과 비슷하다. "빨리 낳으세요", "어의가 없다", "들은 예기가 있는데요", "저한테 일해라 절해라 하지 마세요", "이 정도면 문안하죠", "구지 그렇게까지 해야 할까요?", "무리를 일으켜서 죄송합니다" 등의 순이다.

인터넷에는 이런 사진도 올라 있다. 〈내 남자친구에게〉라는 제목으로 애인에게 쓴 편지다.

오빠, 나한테 문자 보낼 때는 맞춤법이 좀 틀려도 괜찮을 수 있어. 하지만 너무 심해서 사회생활 하는 데 반드시 문제가 있을 것 같아. 정말 심각하게 생각해야 돼. 내가 많이 바라는 것도 아니고 오빠를 위해 기본적인 것만 몇 개 설명하니 꼭 공부해야 돼요.

이러면서 '않'과 안, '어떻게'와 어떡해', '돼'와 '되' 등을 구분하는 방법을 자세히 설명하고 있다. 그러곤 "달라진 오빠의 모습을 기대할게. 사랑해♡"로 끝을 맺는다. 참으로 기특한 여자친구다. 이 여자친구의 괴자번호를 알면 내가 점심값이라도 보내고 싶다. '괴자번호'도 웃기는 맞춤법에 들어 있는 단어다.

개살구는 되고
개꿀잼은 안 되는 이유

이런 일이 있었다. 어떤 사람이 한 커뮤니티 사이트에 '개노답'이라고 올렸다. '정말 답이 없는 일'이라는 뜻이다. 사이트 운영자는 어찌 이런 상스러운 말을 쓰느냐고 그를 탈퇴시켰다. 그러자 올린 사람이 개노답은 나쁜 말이 아니라고 항의했다. 접두사 '개-'가 욕이 아니라는 것이다.

올린 사람의 논리는 이런 것이었다. 표준국어대사전을 보면 접두사 '개-'는 세 가지 의미로 쓰인다. 우선 '개-'는 '야생 상태의', '질이 떨어지는', '흡사하지만 다른' 등의 뜻을 더하는 말로 사용된다. 개떡·개살구·개철쭉이 이런 경우다. '개-'는 또한 '헛된'이나

'쓸데없는'이라는 의미로 쓰인다. 개꿈·개나발·개수작·개죽음 등이 이런 예다. '정도가 심한'의 뜻을 더하는 말로도 사용된다. 개망나니·개잡놈 등이 그것이다.

세 가지 경우에서 보듯 접두사 '개'를 붙였다고 해서 반드시 욕이 되는 것은 아니라는 항변이었다. 동물인 개[犬]와는 상관이 없다는 것이다. 결국 사이트 운영자는 이를 받아들여 타인을 비난하는 목적이나 욕으로 사용되는 '개-'가 아닌 경우 허용하는 것으로 결론을 내리고 공지를 했다. 개좋다, 개맛있다, 개꿀잼(매우 재미있다) 등 '개' 다음에 긍정적인 말이 오는 것은 허용하고 개새끼나 개자식, 개좆 등 뒤에 부정적인 말이나 욕이 오는 건 허용하지 않는다는 것이다.

사전 풀이에 따르면 합당한 결론이라 생각된다. 하지만 문제가 없는 것은 아니다. 학자 가운데는 개새끼마저 욕이 아니라고 주장하는 사람이 있다. '개'는 동물이 아니라 단순히 '정도가 심한', '나쁜' 등의 의미로 사용되는 말일 뿐이라는 것이다. 이러다 보니 '개좋다' 등으로 시작된 '개-'는 개웃기다, 개이쁘다 등 강조하는 말로 마구 쓰이고 있다. 급기야는 매장에 '개이득'이라는 문구를 붙이기에 이르렀다.

'개'가 설사 동물인 개에서 온 것이 아니라 하더라도 아무 말에나 마구 붙이는 것은 바람직하지 않다. 정말·진짜·엄청·무척·대단히 등 다양한 우리말 어휘를 두고 하필이면 '개'를 붙일 필요가 없다. 무엇보다 '개-'에서 풍기는 어감은 그리 좋지 않다. 동물 개가 연상되지 않을 수 없다. 개새끼나 개자식 등에서 보듯 자연스럽게 개의 이미지가 그려진다. 욕도 인류 보편성이 있어 어디를 가나 비슷한 것이 있다. 영어권에는 '선 오브 어 비치(son of a bitch)'가 있다. 구조적으로나 의미적으로 개새끼와 비슷한 것인데 이를 욕이 아니라고 할 수는 없다.

개좋다, 개많다 등 설사 긍정적인 말에 '개'를 붙여 쓰더라도 경박하고 수준이 낮아 보이는 것은 피할 수 없다. 벚꽃놀이 가서 "날씨 개좋다. 벚꽃 개이쁘네. 사람도 개많이 왔다"고 한다면 누가 이를 교양이 있다고 하겠는가?

배고프셧구나,
맛잇게 드세요

한글의 우수성은 이미 알려진 사실이다. 특히 인터넷 시대 속도와 정확성에서 한글을 따라올 문자가 없다. 대충 작성해도 의미를 전달하는 데 별 문제가 없다. 그러나 속도를 중시하다 보니 받침을 제대로 쓰지 않는 경향이 있다. 특히 문자 메시지나 SNS 등 통신 언어에서 많이 나타나는 현상 가운데 하나가 쌍시옷이나 쌍기역 받침을 쓰지 않는다는 것이다.

대표적인 것이 쌍시옷이나 쌍기역 받침을 시옷이나 기역으로 표기하는 것이다. "잇어요, 갓다왓어요, 그랫어요, 배웟는데, 잇으시면, 배고프셧나봐요, 맛잇게, 알겟어요"처럼 '있·갔·랬·웠' 등을 써야 할 자리에 쌍시옷 대신 시옷으로 표기한 것이다. '꺽었다, 낚였어, 석여 있네, 안팎'과 같이 쌍기역 받침인 '꺾·낚·섞·팎' 등을 써야 할 자리에 기역 하나로만 표기하기도 한다. 자판을 한 번 더 눌러야 하는 불편함 때문이다.

이런 식으로 문자가 유통되다 보니 아예 이것을 맞는 표기로 생각하는 사람이 적지 않다. 이런 습성이 들다 보니 통신언어를 벗어나 이제는 일반 글에서도 쌍시옷이나 쌍기역 받침을 제대로 적지 못하는 경우가 발생한다. 실제로 공식적인 글에서 이러한 표현을 심심치 않게 볼 수 있다. 심지어는 정확성을 기해야 할 신문에서도 이런 표기가 종종 눈에 띈다.

축약형 글자의 유통 문제는 어느 언어에서도 논란거리다. 데이비드 크리스털은 《문자 메시지는 언어의 재앙일까? 진보일까?》라는 저서에서 문자 메시지가 문해 능력의 성장에 방해가 되기보다 오히려 도움이 된다고 주장한다. 문자 메시지에 사용되는 특이한 철자법은 우리가 사용하는 언어 가운데 아주 작은 부분에 불과하다는 것이다. 즉 문자 메시지는 나쁜 것이 아니라는 얘기다. 그는 문자 메시지를 사용하는 이유는 재미있고 편리하기 때문이라고 하면서 "단 몇 글자의 조합으로 그 의미를 전달할 수 있는데 누가 구구절절 쓰겠는가"라고 반문한다.

그러나 이렇게 문자 메시지를 긍정적으로 보는 그도 교육이 필요하다고 주장한다. 통신 약어가 언제 효과적이고 언제 그렇지 않은지 아이들이 알아야 한다는 것이다. 언어의 변이형으로서 문자 메시지의 장단점이 무엇인지 학교 교육을 통해 가르쳐야 한다고 말한다.

크리스털의 지적처럼 우리 아이들도 문자 메시지와 표준 언어의 차이를 분명하게 인식할 수 있게끔 학교 교육을 강화해야 한다. 속도를 중시하는 통신 언어에서 쌍시옷과 쌍기역 받침을 제대로 적자고 주장하기는 어렵기 때문이다. 한글의 우수성을 십분 활용해 재미와 편리성을 추구하면서도 통신 언어를 벗어나서는 우리말을 정확하게 구사할 수 있도록 하는 관심과 노력이 더욱 필요하다.

세상에는 두 종류의
생선이 있다

학교에서 돌아온 아이가 책가방을 내려놓자마자 "엄마, 생선 사야
돼. 돈 좀 주세요"라고 했다. "생선, 생선은 왜. 생선으로 뭘 하게",
"생파에 가야 돼요", "뭐, 생파?" 무슨 말인지 몰라 멍하니 생각하던
엄마는 한참이 지나서야 생선과 생파가 생일 선물과 생일 파티를
의미한다는 것을 알아차렸다. 처음에는 생선이 학교에서 내준 무
슨 과제물인가 생각했다.

　신세대들이 쓰는 말 중에 어른들이 알아듣지 못하는 것은 이뿐
이 아니다. 비호감(호감의 반대말), 갈비(갈수록 비호감), 열공(열심히 공부
함), 반땡(반으로 가름), 훈남(가슴이 훈훈한 남자), 완소남(완전 소중한 남자),

길막(길을 막는 행위), 출첵(출석 체크), 썩소(썩은 미소), 살소(살인 미소) 등이 종종 쓰이는 말들이다. 친구 사이에서 주로 사용하는 말로, 대부분 인터넷에서 사용하던 신조어가 실제 언어생활에서도 나타나는 것들이다. '열라·절라·졸라' 등과 어울려 쓰기기 일쑤다.

인터넷상에서 사용하는 줄임말이나 신조어는 일일이 열거하기도 어렵다. 로긴(로그인), 아뒤(아이디), 비번(비밀번호), 자삭(자동 삭제), 채금(채팅 금지), 친추(친구로 추가), 포샵(포토샵), 지대(제대로), (캐)안습(안구에 습기가 찬다, 즉 눈물이 난다는 뜻), 완소(완전 소중한), 갠소(개인 소장), 므흣(야릇한 감정상태), 아놔(짜증을 나타내는 감탄사), 넘넘(너무너무), 샹훼(사랑해)……. ㅎㅎ(히히), ㄱㅅ(감사), ㅈㅅ(죄송) 등 자음만으로 이루어진 것도 적지 않다.

여친·남친·얼짱·쌩얼(맨 얼굴)·악플 등은 이미 언론에서도 그대로 사용할 정도로 누구에게나 익숙한 단어다. 이들 역시 출발지는 대부분 인터넷이다. 속도를 중시하는 인터넷의 특성상 줄임말이 끊임없이 만들어지고 있다. 글자 수 제한이 따르는 휴대전화 문자 메시지도 한몫하고 있다. 긴 단어를 용인하지 못하고 사물이나 감정 등을 이처럼 두 글자로만 표현하는 사람들을 '투글족'이라 부르기도 한다.

빠른 의사전달을 우선하는 인터넷이나 문자 메시지에서 줄임말이 사용되는 것을 무턱대고 나쁘다고만 할 수는 없다. 그러나 '생선'이나 '생파'에서 보듯 실생활에서 그대로 사용됨으로써 의사소

통에 어려움을 가져온다면 문제가 아닐 수 없다. 이런 말들은 본질적으로 우리말 파괴를 수반하기도 한다. 기형적 언어의 양산을 막고 의사소통 장애를 방지하기 위해서는 온라인과 오프라인을 철저하게 구분하는 자세가 더욱 필요하다.

어따대고
질투질이야!

〈태양의 후예〉 드라마를 시청하며 송중기(유시진 대위)의 매력에 푹 빠진 부인들을 보면서 남자들이 은근히 질투를 보낸 모양이다. 인터넷에는 "군대 현실이 다르다느니, 기지배처럼 생겼느니 하면서 구시렁거리는데 당신하고는 비교도 되지 않으니까 신경 꺼. 어따대고 질투질이야!"라는 내용의 우스개 글이 올라 있다. 아마도 드라마나 개그 프로그램에서 자주 등장하면서 유행어가 된 "어따대고 질투질이야"라는 말을 하기 위해 작성된 글로 보인다.

"어따대고 질투질이야"처럼 '어따대고'라는 말이 많이 쓰인다. "어따대고 반말이야", "어따대고 지적질이야", "어따대고 따박따박

말대꾸야"도 유행어처럼 자주 사용되는 말이다. 인터넷에는 이런 표현이(표기가) 수없이 올라 있다. "어따대고", "어따대고 찝쩍거려", "어따대고 문자질이야"라는 노래 제목도 있다.

'어따대고'는 '얻다 대고'를 잘못 적은 것이다. 아마도 '얻다 대고'라고 제대로 표기하는 사람이 별로 없을 만큼 많이 틀리는 말이다. 〈100명 중 98명이 틀리는 맞춤법〉이란 제목으로 '어따대고'가 인터넷에 올라 있을 정도다. 문자 메시지를 주고받을 때도 받침 없이 이렇게 쓰기 일쑤다.

'어디에다'가 줄어들면 '얻다'가 된다. "돈을 얻다 감춰 뒀는지 모르겠다", "얻다 내놓아도 손색이 없다"처럼 쓰인다. '어디에다 대고'가 줄면 '얻다 대고'가 된다. 이 '얻다 대고'를 빨리 발음하면 '어따대고'가 되기 때문에 발음을 따라 '어따대고'로 적는 경향이 있다. 몰라서 그렇기도 하겠지만 속도와 편리성을 중시하는 문자 메시지 등에서 받침을 생략하고 소리 나는 대로 표기하는 습성도 영향을 미쳤으리라 생각된다.

'얻다 대고'가 (받침이 있어) 불편하다면 '어디에다 대고'라고 적으면 된다. 가벼운 글에서는 맛을 내기 위해 '어따대고'라고 표기할 수도 있겠지만 객관적이고 공식적인 글에서는 반드시 '얻다 대고' 또는 '어디에다 대고'라고 해야 한다. 물론 "어따대고 질투질이야"처럼 '어따대고' 다음에는 대체로 부정적인 말이 따르기 때문에 인용구라면 몰라도 점잖은 글에서 이런 식의 표현을 쓸 일은 별로 없다.

제비야,
깝치지 마라

나비, 제비야 깝치지 마라

맨드라미 들마꽃에도 인사를 해야지

아주까리 기름 바른 이가

지심 매던 그 들이라 다 보고 싶다

학교 다닐 때 배운 이상화의 시 〈빼앗긴 들에도 봄은 오는가〉다. 암울했던 일제강점기 《개벽》 잡지에 실린 저항시다. 이 시로 《개벽》은 검열에 걸려 판매금지당했다. 시에 등장하는 "제비야 깝치지 마라"는 말은 '제비야 재촉하지 마라'는 의미다. '깝치다'는 '재촉하다'는 뜻의 경상도 방언이다. 실제로 이상화 시인은 대구 사람이다.

자주 접하기 어려웠던 "깝치지 마라"는 이 말이 요즘 많이 쓰이고 있다. 말할 때도 이런 말을 쓰기는 하지만 문자 메시지나 인터넷에서 주로 사용되고 있다. 시적인 감수성으로 이 표현을 가져다 쓴 것이면 좋으련만 이들이 쓰는 '깝치지 마라'는 이와 관련이 없어 보인다. 뜻이 다르기 때문이다. 원래와 다르게 '깝치다'가 '까불다, 으스대다, 잘난 척하다' 등의 뜻으로 사용되고 있다.

즉 "야, 깝치지 마라"고 하면 "야, 까불지 마라", "야, 잘난 척하지 마라" 등의 뜻이다. 그리 좋은 말이 아니다. 전달하고자 하는 의미상으로 보면 비속어라 할 수 있다. 인기 연예인들이 TV에서 종종 이 말을 사용함으로써 더욱 널리 쓰이는 계기가 된 것으로 보인다.

요즘 쓰이는 '깝치다'는 표현에서는 비슷한 구조(-치다)의 비속어인 빡치다(짜증나다), 뺑끼치다(요령을 피우다), 죽빵치다(집단 구타하다)는 단어가 묶음으로 연상되기도 한다. 발음은 거세고 의미는 부정적이다. '깝치지 마라' 대신 상황에 따라 '까불지 마라, 으스대지 마라, 잘난 척하지 마라' 등으로 점잖게 표현하는 것이 바람직하다.

여과생활은
스트레스를 여과하는 생활

사회가 점점 복잡해지고 스트레스를 많이 받다 보니 남는 시간을 어떻게 활용하면서 윤택한 생활을 할지가 중요한 관심사다. 집을 얻을 때도 주변에 생활 편의 시설인 영화관이나 공원 등이 있는지가 고려 요소다. 문화생활이나 취미생활을 하는 등 남는 시간을 잘 활용해야 스트레스를 풀고 정신적 에너지를 재충전할 수 있다.

　몸에 쌓인 스트레스를 여과시켜야 하기 때문일까. 남는 시간을 '여과시간'이라고 하는 사람이 많다. 그렇게 하는 활동을 '여과활동'이라 부르기도 한다. 인터넷에 들어가면 이러한 표현이 무수히 나온다. 어찌 보면 내용상 여과시간·여과활동의 '여과'라는 말이

딱 들어맞는 단어이기도 하다.

"나에게 페이스북은 여과생활이다", "이 강의들은 취미생활과 여과활동에도 좋다", "레스토랑에서 서빙하는 일은 여과생활을 겸해 충분히 할 수 있는 일이다" 등처럼 인터넷에는 '여과'라는 단어가 적지 않게 나온다. "정신적 스트레스를 많이 받는데 적당한 여과생활에 뭐가 있을까요", "과거에 비해 여과생활도 많이 바뀌었다", "남들 놀 때 일해야 하니 여과생활이 어렵다" 등도 있다.

하지만 남는 시간을 지칭하는 단어는 '여과'가 아니라 '여가'다. 한자 단어로 '남을 여(餘)'자와 '틈 가(暇)'자가 결합해 이루어진 '여가(餘暇)'가 바른말이다. 일이 없어 남는 시간을 뜻한다. '여가활동·여가시간·여가선용·여가지도' 등으로 주로 쓰인다. 인터넷에서 가져온 앞 예문의 '여과'는 모두 '여가'로 바꿔야 한다.

영국의 수필가인 로건 P. 스미스는 "여가시간이 사라지는 것 같으면 조심하라. 영혼도 따라서 사라질 수 있으니까"라면서 여가생활의 중요성을 얘기했다. 그렇다. 적당히 스트레스를 풀고 재충전하는 시간을 가져야 한다. 다만 스트레스를 여과시키더라도 '여가'로 적어야 한다.

'개맛있다'보다 맛있는 핵맛있다

얼마 전 TV를 보다 나도 모르게 웃음이 나왔다. "핵맛있다"는 말 때문이었다. 한국인도 아니고 외국인 여성의 입에서 나온 말이었다. 한국말을 제법 하는 외국인 여성이 한국 음식점을 찾아가 소개하는 프로그램이었는데 그 집 음식을 맛보더니 첫마디가 "핵맛있다"였다. 아마도 한국에서 젊은이들과 어울리면서 이 말을 배운 것 같았다.

이처럼 요즘 많이 쓰이는 말이 '핵'이 들어간 단어다. '핵맛있다, 핵재밌다, 핵좋다, 핵졸리다, 핵짜증' 등이 있다. '정말, 진짜, 엄청' 등 강조하는 말 대신 '핵-'이란 접두사를 사용한다. 말할 때도 쓰이지만 핵짜증 등 '핵-'이 들어간 말들이 인터넷이나 문자 메시지에서 많이 사용되고 있다.

앞서 접두사 '개-'에 대해 다룬 적이 있다. '개좋다, 개이쁘다, 개많다' 등과 더불어 '정말 답이 없다'는 뜻으로 개노답이 쓰인다는 것을 언급했다. '개-'의 어원이 어찌됐든 이런 말은 경박함을 피할 수 없다는 내용이었다.

이제 '개-'에서 한발 더 나아가 '핵-'이다. 엄청 매운 짬뽕은 '핵짬뽕'이라 부른다. 연예인들이 핵짬뽕에 도전하는 이야기가 TV에서 나오기도 했다. 인터넷에는 '어디어디 핵짬뽕 도전기'라는 일반인의 글도 많이 올라오고 있다. 핵라면도 있다. 역시 눈물 나게 매운 라면이다.

'핵-'이란 말이 유행하다 보니 노답·개노답에 이어 핵노답이란 말이 생겼다. 꿀잼(정말 재미있다)은 핵꿀잼이 됐다. 더욱 강력하게 다가온다. 물론 '열라 맛있다', '졸라 맛있다', '개맛있다'보다는 '핵맛있다'가 욕 같은 느낌이 덜해 낫다는 사람이 있을지 모르겠지만 '핵'이 주는 무시무시함이 연상돼 이전보다 더욱 거칠고 자극적인 느낌으로 다가온다.

J. 레이는 "말은 마음의 초상"이라고 했다. 말이 더욱 거칠고 자극적으로 변한다면 혹여나 우리의 정서나 정신마저 그렇게 돼 가는 것은 아닌지 걱정이 들지 않을 수 없다. '정말 맛있다, 진짜 맛있다, 엄청 맛있다' 등 정상적으로 표현해도 맛의 정도를 충분히 나타

낼 수 있다. 특히 방송에서 '핵맛있다'와 같은 유행어를 여과 없이 내보내는 것을 자제하는 것이 바람직하다. 연예인들이 이런 말을 사용하는 것을 보여준다면 청소년들에게 그것을 부추기는 결과를 낳을 수도 있다.

'개간지'는 결코
멋지지 않다

요즘 많이 쓰는 언어 가운데 '간지난다'가 있다. '간지나는 옷', '간지 패션', '간지 스타일', '간지 헤어', '간지나는 남자' 등 주로 패션과 관련해 많이 사용되는 말이다. 최근에는 분야를 가리지 않고 마구 쓰이고 있다. '간지나는 노래', '간지나는 축구', '간지나는 이름', '간지나는 별명', '간지나는 차', 심지어는 '간지나는 아이디어', '간지나는 장래 희망', '간지나는 진보'도 있다. 인터넷이나 문자 메시지에서는 간지를 강조하는 '개간지'란 단어도 쓰이고 있다.

'간지난다'는 우리 사전에 없는 말이다. 감각·느낌·인상·기분 등을 뜻하는 일본어 간지(感じ, かんじ)에서 왔다는 것이 일반적인 견

해다. 이 간지에 '난다'를 붙여 의류 등에서 '일본 느낌이 온다', '일본풍 냄새가 난다' 등의 뜻으로 쓰기 시작한 말이 '멋지다', '멋스럽다', '세련된 맛을 풍긴다' 등으로 의미가 변한 것으로 보인다. 실제 '간지'라는 일본어의 쓰임새와는 다소 거리가 있다.

'간지난다'는 일본어에서 유래하긴 했지만 원래 의미대로 쓰이는 것도 아닌 어정쩡한 말이다. 정확한 뜻이 없다 보니 여기저기 적당히 갖다 붙이는 경향이 있다. '간지나는 아이디어', '간지나는 장래 희망' 등이 이런 경우다. 뜻이 분명하지 않은 용어로 얼렁뚱땅 표현을 하게 함으로써 언어생활을 방해하는 요소가 되기도 한다. 이런 모호한 용어에 의존하면 어휘력과 사고력도 제한될 수밖에 없다.

'간지난다'는 특히 청소년들이 동질감과 친밀감을 느끼는 말로 많이 쓰고 있다. TV 오락 프로그램에서 재미를 더하기 위해 경쟁적으로 사용하면서 일상에서도 빈도가 늘어나는 추세다. 우리말로는 도저히 표현할 수 없는 개념이라면 몰라도 멀쩡한 우리말을 두고 외래어를 사용하거나 정체불명의 말을 쓸 필요가 없다. '간지난다'는 '멋지다', '멋스럽다' 등 우리말로 적절히 표현하는 것이 바람직하다.

진짜 싫은
'완전 좋아'

"완전 사랑합니다."

모 남자 연예인이 TV 개그 프로그램에서 상대 여성에게 사랑을 고백하면서 유행시킨 말이다. '쩐다, 헐, 깜놀, 듣보잡' 등과 함께 인터넷에서나 사용되던 이 말이 일상 대화에서 흔히 쓰이는 하나의 계기가 됐다. 물론 '완전'이란 단어가 일상에서도 많이 사용되는 말이기는 하지만 "완전 사랑합니다"는 어법에 맞지 않는 표현이다.

'완전'은 원래 명사로, 동사를 수식하는 말로는 사용할 수 없다. "금융 시장의 완전 개방", "노사 분규 완전 타결" 등처럼 명사 앞에서나 쓰일 수 있다. 따라서 명사가 동사를 수식하는 구조인 '완전 사랑합니다'는 성립하지 않는다. 동사나 형용사를 수식할 수 있는 것은 부사어뿐이다. 여기에서 '완전'을 부사어인 '완전히'의 준말이라 가정해도 어법에 어긋나기는 마찬가지다.

'완전히'는 "두 사람은 완전히 갈라섰다"처럼 주로 동작을 나타내는 말과 어울려 쓰인다. '사랑하다', '좋아하다', '싫어하다' 등과 같이 사람의 감정이나 심리를 나타내는 말과는 어울리지 못한다. 즉 '완전 사랑합니다', '완전 좋아합니다', '완전 싫어합니다'는 표현은 누가 봐도 어색하다. 이럴 때는 '정말, 진짜, 엄청, 아주' 등이 어울린다.

마치 사람도 어울리는 짝이 있듯이 단어도 어울리는 짝이 있다. 이를 문법적으로는 '의미상 선택 제약'이라 부른다. 단어마다 타고난 고유의 자질이 있어 그에 맞는 단어끼리만 어울리려고 하는 성질을 가리킨다. '가능성이 크다', '가능성이 작다'처럼 '가능성'은 '크다', '작다'와 잘 어울리는 것도 이런 이유에서다. '완전(히) 사랑합니다'보다 '정말 사랑합니다', '진짜 사랑합니다', '엄청 사랑합니다' 등이 어울리는 짝이다.

'완전'을 남용하다 보면 다양한 우리말 단어를 적절하게 구사하지 못하기 때문에 어휘력도 떨어진다. 어휘력이 떨어지면 말의 품위 역시 떨어진다. 요즘은 '완전 좋아', '완전 맛있어', '완전 후회하고 있어' 등처럼 어법에 맞지 않는 '완전'을 남용하는 것에 그치지 않고 그 준말인 '완조', '완맛', '완후'까지 사용하고 있다.

공항이 무서운
공항장애

병 가운데 '공황장애'라는 것이 있다. 뚜렷한 근거나 이유 없이 갑자기 심한 불안과 공포를 느끼는 질병이다. 심리적 불안 상태나 발작이 반복해 일어난다. 발작이 일어나면 심장이 빨리 뛰고 호흡이 가빠지는 등의 증상을 보인다. 곧 죽을 것 같은 두려움을 느끼기도 한다.

공황장애 환자가 두려워하는 것 가운데 하나가 비행기를 타는 일이다. 높은 곳의 폐쇄된 공간 속에서 추락하지나 않을까 하는 생각에 극도로 불안감을 느끼기 때문이다. 그래서 가급적 비행기 타는 것을 피하게 된다. 그러다 보니 공황장애를 얘기할 때 언뜻 비행기와 공항이 연상돼 '공항장애'라고 말할 수도 있지 않을까 싶다.

아니나 다를까 '공항장애'라는 표기가 나왔다. 바로 최근 국정 농단의 주인공 중 한 사람에 의해서다. 그는 국회 청문회 불출석 사유서에 '공항장애'라고 적었다. 이에 네티즌들은 "공항에 장애가 있어서 비행기를 탈 수 없나 보다", "공항에만 가면 발작을 일으키는 장애인가?" 등의 말로 비꼬았다.

그의 조카는 불출석 사유서에 '하열'이라고 썼다. '심한 하열 증세'로 청문회에 나오지 못한다는 것이다. 여기에서 하열은 하혈(下血)을 잘못 적은 것이다.

특혜 입학으로 논란이 된 그의 딸이 작성한 대학 리포트도 문제가 됐다. 틀린 표기뿐 아니라 비속어가 난무하는 등 엉망진창인 내용으로 B학점을 받았기 때문이다. 대표적 오자가 '않되는'이다. 일반인이 보면 '않되는'은 모양 자체가 이상하게 느껴지는데 그의 눈에는 아무렇지도 않은가 보다. '안되는', 띄어쓰기까지 하면 '안 되는'이 바른 표기다.

체면 구기는
사자성어

과거 성대모사로 이름을 떨친 방송인은 최병서다. 인기 연예인이
나 유명 정치인의 목소리를 똑같이 흉내 내 인기를 끌었다. 요즘은
코미디언 정성호가 성대모사의 달인으로 떠올랐다고 한다. 그는
오랜 무명생활로 방송 일을 그만두려 한 적도 있었지만 노력을 거
듭한 끝에 유명 인사들의 얼굴까지 분장하면서 성대모사를 해 인
기를 얻기 시작했다고 한다.

　이처럼 남의 목소리를 기가 막히게 흉내 내는 것을 성대모사라
고 한다. 그러나 성대모사를 '성대묘사'로 잘못 알고 있는 경우가 적
지 않다. 인터넷에 들어가 보면 "한석규의 성대묘사를 잘한다", "그

는 주특기가 성대묘사다" 등처럼 '성대묘사'라는 말이 무수히 나온다. 심지어 신문에서도 '성대묘사'란 표현이 심심치 않게 등장한다.

묘사(描寫)는 소설·그림 등의 작품이나 영화·연극 등에서 어떤 대상이나 현상을 구체적으로 표현해 옮기는 것을 뜻한다. '심리 묘사', '상황 묘사', '생생한 현장 묘사' 등처럼 쓰인다. 묘사를 쉬운 말로 바꾸면 '그려 냄'이 된다. 모사(模寫)는 사물이나 형체를 본떠 그대로 베껴 오는 것을 의미한다. "이 작품은 원작의 모사에 불과하다", "남의 그림을 정밀하게 모사했다" 등과 같이 사용된다.

성대모사는 다른 사람의 목소리를 그대로 베낀 듯 흉내 낸다는 점에서 묘사가 아니라 모사다. '성대묘사'로 잘못 쓰기 십상인 것은 한자어인 묘사와 모사의 뜻을 정확하게 구분하지 못하기 때문이다. 묘사라는 단어는 자주 쓰여 익숙하지만 모사는 별로 사용할 일이 없어 친근하지 않은 이유이기도 하다. 근본적으로는 한자나 예부터 전해 오는 한자 성어(成語)에 대한 이해가 부족한 탓이다.

'성대모사'를 '성대묘사'라고 하듯이 잘못 쓰기 십상인 한자 성어는 또 있다. 포복졸도→포복절도(抱腹絶倒), 산수갑산→삼수갑산(三水甲山), 야밤도주→야반도주(夜半逃走), 풍지박산→풍비박산(風飛雹散), 양수겹장 →양수겸장(兩手兼將), 홀홀단신→혈혈단신(孑孑單身), 절대절명→절체절명(絶體絶命), 전입가경→점입가경(漸入佳境), 고분분투→고군분투(孤軍奮鬪) 등이다. 이들을 잘못 사용하면 문자 쓰려다 되레 체면이 구긴다.

자신의 인격을
깎아내리는 비속어

일상 언어가 항상 점잖고 품위 있는 말로 이루어지는 건 아니다. 때로는 점잖은 자리에서는 쓸 수 없는 속어(俗語)나 상스럽고 천한 말인 비어(卑語)가 사용되기도 한다. 특수한 계층이나 부류의 사람들 사이에선 자기네만 알아듣는 은어(隱語)도 있다. 이런 말들은 친숙한 사이에서는 친밀감의 표현이 되기도 하지만 듣는 사람에게 모멸감을 주기 위한 경우가 더 많다. 요즘은 SNS나 카톡 등 문자 메시지를 타고 이러한 용어들이 더욱 번지고 있다.

대표적인 단어가 '꼴통'과 '또라이'다. 이 말들은 최근 진보와 보수 세력이 대립하면서 상대를 싸잡아 비난하는 말로 자주 쓰였다.

또라이는 좀 모자라는 듯한 사람이나 정신이 나간 사람을 가리키는 말이다. 그러나 그런 뜻보다는 상대에 대한 화풀이로 사용하는 경우가 많다. '(머리가)돈+아이'에서 '또라이'가 됐다는 게 가장 개연성 높은 추측이다. 꼴통은 머리가 나쁜 사람을 이르기도 하지만 주로 꽉 막힌 사람이란 뜻으로 쓰인다. 두뇌를 말하는 '골'에 물건을 담는 도구를 의미하는 '통'을 붙인 '골통'이 변화한 것이다.

'삥땅'도 많이 쓰이고 있다. 공금을 횡령하거나 다른 사람에게 넘겨줄 돈의 일부를 중간에서 가로채는 것을 속되게 이르는 말이다. 화투 놀이의 하나인 '섰다'에서 쥐고 있는 두 장의 화투장 가운데 하나가 솔인 끗수를 '삥'이라 하고, 같은 짝 두 장으로 이루어진 패를 '땡'이라 하는데 이 둘이 합쳐지면서 '삥땅'이 된 것이 아니냐는 사람도 있으나 믿거나 말거나 수준이다. "삥쳤다"처럼 줄여서 '삥'으로 쓰기도 한다.

짬밥·갈참·각잡다 등처럼 군대에서 나온 속어나 은어가 일반인들의 사용으로 이어지는 경우도 있다. 짬밥은 군대에서 먹는 밥이나 버린 밥을 가리키며, 먹고 남은 밥을 뜻하는 잔반에서 온 말이라는 견해가 우세하다. 갈참은 이제 곧 제대하고 나갈 고참을 의미한다. '각잡다'는 모포 등을 갤 때 각이 서도록 한다는 의미에서 왔으며, 자세를 똑바로 하는 것에까지 쓰인다.

총기수입·미싱하우스처럼 군대에 갔다 오지 않은 사람은 도저히 알 수 없는 용어도 있다. '총기수입'은 총기를 외국에서 들여오

는 것으로 생각하기 쉬우나 총기 청소를 가리킨다. 손질·손봄을 뜻하는 일본식 한자 수입(手入, ていれ)에서 왔다고 보기도 하고, '청소하다'를 뜻하는 영어 스위프(sweep)에서 유래했다고 보기도 한다. 대청소를 가리키는 미싱하우스는 물청소를 뜻하는 일본어 미즈나오시(みずなおし)에서 유래한 것으로 보인다. 억지 영어 미씽 하우스(missing house)에서 왔다고 보는 사람도 있다. 미씽(missing)에 '보이지 않는'의 뜻이 있으므로 먼지가 보이지 않을 정도로 막사(house)를 청소한다는 의미에서 이 말이 쓰이게 됐다는 것이다.

경찰을 이르는 말인 '짭새'도 심심치 않게 사용되고 있다. 1980년대 군사정권 아래에서 대학에 다닌 사람들은 짭새의 의미가 바로 와 닿을 것이다. 10·26 이후 신군부가 들어서면서 격렬한 시위가 벌어질 즈음 많이 쓰이던 말이다. 그때는 주로 사복을 입고 교내에 들어와 데모하는 학생을 연행해 가는 경찰을 일컫는 말이었다. 경찰의 애칭인 '포돌이'처럼 '잡다'의 '잡'과 돌쇠 등에 쓰이는 '-쇠'가 결합해 '잡쇠'가 되고 '짭새'로 변했다고 보기도 하고, 경찰 마크인 독수리를 비하해 부르는 이름이라 보기도 한다.

허우대나 가슴을 뜻하는 '갑빠'도 쓰이고 있다. 갓빠 또는 갓바라 부르기도 하는데, 포르투갈어 카파(capa)를 일본식으로 발음한 '가빠'에서 유래한 것이다. '카파'는 비가 올 때 사람의 어깨에서 무릎 위까지 걸치는 망토나 가구, 기구를 덮는 보호막 등을 뜻하는 말이다. 카파를 입으면 본래의 몸체보다 커 보이고 듬직해 보인다는 이유로 체면·외양·체격·가슴근육 등을 이르는 말로 쓰인다.

이처럼 비속어나 은어는 언어학적 방법이나 사실을 바탕으로 어원을 분석하기는 쉽지 않고 민간 속설에 의지해 그럴 것이라 짐작하는 정도에 머무르는 것이 대부분이다. 어느 사회에나 존재하는 이런 언어는 세태를 반영하거나 문화적·사회적 특성을 띠기도 한다. 언어생활에 활력이 되기도 하지만, 경우에 따라선 듣는 사람에게 혐오감과 모멸감을 주는 것이 적지 않다. 결국은 정상적인 언어를 파괴하고, 사용하는 사람의 격을 떨어뜨리는 단어들이다.

5장

상황에 따라
바꿔 써야 하는 단어

우리말은 어휘가 풍부하고 다양한 표현이 가능하다는 것이 장점이다. 그러다 보니 비슷하게 생긴 단어도 많다. 우리말의 어려운 부분 가운데 하나가 이처럼 모양이 비슷한 단어를 제대로 구분하기가 쉽지 않다는 점이다. 상황이 바뀌면 단어를 달리 사용해야 하지만 그러지 못하고 감으로 대충 쓰는 경우가 적지 않다. '탓'과 '덕분'이 그런 예로 '탓'은 좋지 않은 것, '덕분'은 좋은 일에 사용해야 하지만 둘을 구분하지 않고 쓰는 경우가 많다.

'부문'과 '부분'을 구분하지 못하는 경우도 허다하다. '부문'은 문화·예술·학술 등에서 분야를 나누어 놓은 것이다. 정상적인 교육을 받은 사람이라면 이 둘을 구분할 수 있어야 한다. '반증'과 '방증'도 그런 예다. 반대되는 증거가 '반증'이고 간접적인 증거가 '방증'임에도 대충 '반증'으로 적는 경우가 허다하다. 이처럼 비슷하게 생겼지만 의미가 다른 단어를 제대로 구분해야 정확하고 정교한 표현이 가능하다. 이들을 제대로 구분하지 못하면 체면도 구긴다.

도대체 얼마까지가
떡값일까

명절이 가까워 오면 직장인들은 특별 보너스가 나오지 않을까 기다리게 된다. 이처럼 명절을 앞두고 특별히 지급하는 돈을 우리말로는 무엇이라 부를까?

'떡값'이다. 떡값은 추석이나 설 때 직장에서 직원에게 주는 특별 수당을 이르는 말이다. 종업원들의 사기를 높이는 차원에서 따뜻한 명절을 보내라고 주는 돈이다. 경영 성과와 관계없이 명절을 앞두고 아랫사람에게 베푸는 우리식 정(情)의 관습이 떡값이다. 회사 경영사정이 좋지 않지만 막연하나마 몇 푼이라도 나오기를 기대하는 것은 이러한 관습 때문이다.

이처럼 떡값의 따스한 이미지 때문에 그리 좋지 못한 것에도 떡값이라는 단어가 사용되곤 한다. 공무원·정치인·업자 등 갑의 위치에 있는 사람들이 남들에게서 부정한 돈을 받아 놓고는 문제가 되면 떡값이었다고 둘러대곤 한다. 그러나 언젠가는 자신에게 유리하게 작용할 것을 기대하며 넌지시 건네는 돈은 뇌물이지 떡값이 될 수 없다. 돈을 주는 사람에게 이들이 직간접적으로 영향력을 행사할 수 있는 직위에 있기 때문에 대가성이 없는 것이라 할 수 없다.

돈이나 선물을 주는 것을 '촌지'라 부르기도 한다. 촌지(寸志)는 한자를 그대로 풀이하면 '손가락 마디만한 뜻'이란 의미다. 아주 작은 정성 또는 마음의 표시를 의미한다. 그야말로 조그마한 정성이기 때문에 그 자체는 다정한 인사로 볼 수도 있지만 정도를 넘어서면 문제가 된다. 주로 선생님이나 기자에게 주는 것을 이를 때 쓰이는 말이다. 촌지란 단어는 일본식 한자어에서 온 것이라 알려져 있지만 지금은 표준국어대사전에 표준어로 올라 있는 말이다.

어쨌거나 떡값·촌지 등으로 불리면서 어디까지가 정성이고 어디까지가 뇌물인지 모호했던 부분도 이제 김영란법으로 분명하게 범위가 정해졌다. 적당히 떡값이나 촌지라 둘러댈 일도 없게 생겼다.

반대 증거는 반증,
간접 증거는 방증

국가보훈처는 북한이 어제 노동신문을 통해 보훈처에서 시행하는 '나라
사랑교육'을 "반민족적 행위"라고 비난한 것에 대해 "나라사랑교육을
통해 우리 국민들의 호국보훈정신과 강한 한·미동맹의 인식제고에 대
한 두려움의 **반증**"이라고 밝혔다.

조선업의 불황 여파에 따라 '구조조정 및 일자리지원 특례보증'에서 ○○
신용보증재단이 전국 16개 지역 재단 가운데 가장 많은 금액을 지원한
것으로 나타났다. 재단으로서는 지역 경제에 큰 역할을 했다고 볼 수도
있지만, 일반 은행권 대출조차 받기 힘들어 재단 측의 신용보증까지 요

청해야 할 만큼 힘겨운 소상공인과 자영업자가 많다는 **반증**이어서 결코
반갑지만은 않은 실적이다.

언론에서 나간 기사를 그대로 옮긴 것이다. 이들 기사에서 쓰인
'반증'이란 말은 올바르게 사용된 것일까?

　반증(反證)에는 두 가지 의미가 있다. 하나는 어떤 사실이나 주장
이 옳지 아니함을 그에 반대되는 근거를 들어 증명함 또는 그런 증
거라는 뜻이다. "우리에겐 그 사실을 뒤집을 만한 반증이 없다", "그
의 주장은 논리가 워낙 치밀해서 반증을 대기가 어렵다"가 이런 뜻
으로 쓰인 경우다. 이때는 '반증'을 반대되는 증거라고 쉽게 생각하
면 된다.

　둘째는 어떤 사실과 모순되는 것 같지만, 오히려 그것을 증명한
다고 볼 수 있는 사실을 뜻한다. 이 경우는 주로 '-는 -하다는 반
증이다'는 구성으로 쓰인다. "우리가 행복을 말하는 것은 역설적으
로 불행하다는 반증이다", "'개천에서 용 났다'는 속담은 거꾸로 그
만큼 그런 일이 어렵다는 반증이다" 등처럼 사용된다. 반증을 이런
뜻으로 쓸 때는 앞뒤에 서로 상반되는 이야기가 나오게 된다.

　그렇다면 앞에 인용해 놓은 기사에서 쓰인 '반증'은 모두 맞지
않는다. 내용을 뜯어 보면 반대되는 증거도 아니고 어떤 사실과 모
순되는 것 같지만 오히려 그것을 증명한다고 볼 수 있는 사실도 아
니다. 모두가 앞말을 뒷받침하는 증거라는 의미로 사용됐다. 이럴

때는 '반증'이 아니라 '방증'이라고 해야 한다.

　방증(傍證)은 사실을 직접 증명할 수 있는 증거가 되지는 않지만 주변의 상황을 밝힘으로써 간접적으로 증명에 도움을 줌 또는 그 증거를 뜻한다. '곁'이라는 뜻의 방(傍)을 쓰는 데서 알 수 있듯 직접적인 증거가 아니라 주변의 상황으로 추측할 수 있는 증거라는 의미다. "국제적 행사 유치는 국가 위상이 높아졌다는 방증이다", "전문대학 수시 입시 박람회장을 찾는 학부모들이 늘고 있다는 것은 그만큼 전문대학의 위상이 높아졌다는 방증이다"처럼 사용된다.

　방증의 경우 증거로 바꿔도 말이 잘 된다. 서두에 예로 든 기사의 경우에도 '반증' 부분을 '증거'로 바꿔도 말이 잘 통한다. 따라서 '방증'이 맞는 말이다.

지향해야 하는 것과
지양해야 하는 것

달걀흰자 칼로리에 대한 관심이 높다. 달걀흰자 칼로리는 100g 기준으로 53kcal다. 칼로리가 낮고 함량이 적어 원푸드 다이어트 재료로 많이 이용되고 있지만, 다른 비타민과 무기질 함량이 적으므로 달걀흰자만 먹는 다이어트는 ( )해야 한다.

나라의 장애인복지 수준은 그 나라의 경제적 수준과 함께 복지국가인지를 가늠할 수 있는 잣대가 된다. 시청각중복장애인을 사회라는 울타리의 밖에 놓아두고 관심조차 갖지 않고 있는 현재의 상황을 두고 우리가 과연 복지국가를 ( )한다고 할 수 있을까?

위 예문의 괄호 안에 각각 '지향'과 '지양' 가운데 어느 단어를 넣어야 할까? 지향과 지양은 발음과 철자가 비슷하다 보니 혼동하기 쉬운 단어다. 지향을 쓸 자리에 지양을 쓰거나 지양을 써야 하는 상황에 지향을 쓰면 뜻이 정반대로 바뀌므로 주의해야 한다.

지향(志向)은 어떤 목표로 뜻이 쏠리어 향함 또는 그 방향이나 그 쪽으로 쏠리는 의지를 뜻한다. "우리는 평화를 지향한다", "우리는 시장경제를 지향한다", "남북한은 평화통일을 지향해야 한다" 등처럼 쓰인다.

지양(止揚)은 더 높은 단계로 오르기 위해 바람직하지 않은 어떤 것을 하지 않는 것을 말한다. "인종차별주의를 지양해야 한다", "정쟁을 지양하고 경제를 우선시해야 한다", "남북 사이의 이질화를 지양해야 한다" 등과 같이 사용된다.

쉽게 얘기하면 지향은 나아갈 방향이고 지양은 하지 않거나 피하는 것이다. "우리는 평화를 지향한다"는 문장에서 지향을 지양으로 바꿔 쓰면 어떻게 될까? "우리는 평화를 추구하지 않는다"는 의미가 되므로 무력도 사용한다는 뜻이 된다. 정반대의 의미다.

지향과 지양은 둘 다 사회에 공존하는 여러 부조리한 요소를 극복하며 목표로 나아간다는 점에서는 닮은꼴이다. 하지만 지향은 최종적인 도달점을 강조한 것이고 지양은 도달점에 이르기 위해 나쁜 것은 치워 내야 한다는 당위성에 초점을 맞춘 것이다. 서두 예문의 정답은 순서대로 '지양'과 '지향'이다.

정신은 계발하고
물질은 개발한다

샐러던트(saladent)라는 단어가 있다. 샐러리맨(salary man)과 스튜던트 (student)의 합성어다. 직장인들이 개인의 능력을 끌어올리기 위해 학원과 서점 등에 북적대는 현상을 반영한 용어다. 학벌과 연공서 열보다는 실력 위주로 평가받는 사회에서 살아남기 위해 자기 계 발을 게을리할 수 없는 시대가 된 것이다.

이처럼 어떤 능력이나 가치를 발견해 신장시킨다는 의미를 나 타낼 때 '계발'이란 단어를 쓴다. 계발은 슬기나 재능, 사상 등을 일 깨워 주는 것을 뜻하는 단어다. "소질을 계발해야 한다", "합리적인 사고를 계발했다", "실용적인 지식을 계발해 생활에 도움을 주었다" 등처럼 쓰인다. '상상력 계발'이나 '외국어 능력 계발'처럼 인간의 지적 능력을 나타내는 말과 어울린다.

개발(開發)은 재능이나 능력뿐 아니라 기술·경제·제품·토지·인력 등 물질적인 것과 조화를 이룬다. "광산을 개발했다", "산림 자원을 개발했다", "경치가 좋은 곳을 관광지로 개발하려고 한다" 등과 같이 사용된다.

헷갈리는 것은 '개발'이 지식이나 재능 등을 발달하게 하는 데도 쓰인다는 점이다. '자신의 능력 개발'이 이런 경우다. 같은 대상을 가리킨다 하더라도 능력 등을 발달하게 하는 일에는 개발을, 능력 등을 일깨워 주는 일에는 계발을 쓴다고 생각하면 된다.

두 어휘를 사용하면서 나타나는 문제는 대체적으로 물질적인 대상에 '계발'을 쓰는 것이다. 제품 계발, 토지 계발, 신도시 계발 등이 이런 예다. 모두 정신적인 면이 아니라 물질적인 측면이므로 '개발'로 바꿔야 한다.

국립국어원은 두 단어가 사용되는 문맥을 비교해 보면 계발이 사용 범위가 좁다고 말한다. 계발은 능력·재질·재능 등 인간에게만 해당되는 속성을 가리키는 말들에 국한돼 어울리기 때문이다. 이에 비해 개발은 기술·경제·책·제품·국토·인력 등 주로 물질적인 것을 가리키는 말들과 어울리지만 때로는 능력·재능 등의 단어와도 어울린다.

개발과 계발을 비교해 보면 모두 상태를 개선해 나간다는 점에

서 의미가 공통적이다. 그러나 무엇을 계발하기 위해서는 그 무엇
은 잠재돼 있어야 하지만 개발에는 이러한 전제가 없다. 이러한 점
을 고려하면 개발은 단지 상태를 개선해 나간다는 뜻만 있지만 계
발은 잠재돼 있는 속성을 더 나아지게 한다는 의미가 있다.

승리는 주인공이 하고,
패배는 장본인이 한다

축구 경기에서 골을 넣어 승리에 결정적 역할을 한 선수에게는 '승리의 주인공'이라는 말이 붙는다. 그러나 자살골을 넣어 팀이 패배하는 결정적 원인을 제공했다면 그는 '패배의 장본인'이 된다. 이처럼 상황에 따라 주인공이 되기도 하고 장본인이 되기도 한다.

국립국어원 표준국어대사전을 보면 '주인공'은 어떤 일에서 중심이 되거나 주도적인 역할을 하는 사람으로 풀이돼 있다. "역사의 주인공", "청소년은 미래의 주인공이다", "그는 이번 시합에서 우리 팀을 이끈 돌풍의 주인공이었다"와 같은 예문이 나온다. 설명이나 예문을 보면 대체로 긍정적인 일에 '주인공'이 쓰인다고 볼 수 있다.

'장본인'은 어떤 일을 꾀하여 일으킨 바로 그 사람이라고 설명돼 있다. "이렇게 되기까지 그 사달을 일으킨 장본인은 김강보였다", "마을을 이토록 쑥밭으로 만든 장본인인 그 사람은 그 돈을 쥐고 한 번 마을을 나간 뒤 전혀 소식이 없었다"는 용례가 나오는 것을 보면 '장본인'은 무언가 부정적인 일을 한 사람에게 어울리는 단어다.

앞서 축구 경기에서 골을 넣어 승리를 이끈 사람은 주인공, 자살골을 넣어 팀을 패배의 수렁에 빠뜨린 사람은 장본인이라고 한 것은 사전적 의미에 그대로 부합하는 내용이다. 사전에서 명백하게 긍정적 인물은 주인공, 부정적 인물은 장본인이라고 정의하지는 않았지만 대체적으로 이렇게 어울릴 때가 가장 자연스럽다.

그러나 어느 것을 써야 할지 때로는 애매한 경우가 있다. "법조계에선 정씨가 혜택을 본 장본인이라고 판단하고 있다"고 할 때는 주인공·장본인 어느 것을 써야 할지 헷갈린다. 주인공보다 오히려 장본인이 어울리는 것으로 생각된다. 국립국어원도 장본인이 '나쁜 일을 한 사람을 뜻하는 경우에 많이 사용되는 것은 사실이지만 반드시 그러한 경우에만 사용할 수 있다고 보기는 어렵다'는 유권해석을 내리고 있다.

중립적인 어감의 '어떤 일이나 사건에 직접 관계가 있거나 관계한 사람을 뜻할 때는 '당사자'라는 단어를 쓰는 것도 좋은 방법이다. "법조계에선 정씨가 혜택을 본 당사자라고 판단하고 있다"고 하는 것이 오히려 자연스러워 보이기 때문이다.

테러의 배후는
조종하는가, 조정하는가

대기업 계열회사 및 금융회사의 불공정거래에 대해 금융당국은 철저히 조사해 엄중하게 조치할 예정이라며 시세조정 등 불공정거래가 의심된다면 금융감독원에 제보해 주기 바란다고 당부했습니다.

1987년 프랑스 중부 로안에서 알제리와 예멘 출신 부모 슬하에서 태어난 것으로 알려진 카심은 지난해 7월 프랑스 북부 생테티엔뒤루브레의 성당 테러 등 프랑스에서 자행된 다수의 테러를 배후 조정한 인물로 추정된다.

두 예문에서 '조정'은 올바르게 쓰인 것일까?

조정(調整)은 분쟁을 중간에서 화해하게 하거나 서로 타협점을 찾아 합의하도록 하는 것을 뜻하는 단어다. 선거구 조정, 버스 노선 조정, 공공요금 조정, 구조 조정 등처럼 불합리하거나 비현실적인 부분을 바로잡는 의미가 있다. 동사로는 "견해 차이를 조정했다", "노사 간의 대립을 조정했다" 등과 같이 사용된다.

조종(操縱)은 비행기·자동차 등 기계를 부리거나, 사람 또는 돈 등을 자기 마음대로 다루어 움직일 때 쓰인다. 비행기 조종, 원격 조종, 자동 조종 등은 기계를 다루는 경우이고, 배후 조종, 시세 조종은 사람·돈·가격을 결과적으로 자기 뜻대로 움직이는 경우다. 동사로는 "비행기를 20년간 조종한 베테랑이다", "이 사건은 어떤 커다란 세력이 조종하고 있다"처럼 쓰인다.

따라서 앞에 든 첫번째 예문에서는 '시세 조정 등 불공정거래'라고 돼 있는데 불공정거래라는 것으로 미루어 '조종'이 바른말이다. 시세 조정이라고 하면 개선하거나 조절하는 것이어서 나쁠 게 없는 뜻이 되므로 불공정거래와 내용상 맞지 않는다. 불법적으로 마음대로 주가의 시세를 움직였다는 뜻이기 때문에 조종이 적절한 말이다.

둘째 예문에서도 '테러를 배후 조정한 인물'이라는 내용으로 보아 테러를 뒤에서 자기 마음대로 움직였다는 뜻이므로 '조종'이 맞는 말이다. '테러를 배후 조종한 인물'이라고 해야 자연스러운 말이 된다. 조정과 조종은 비행기·자동차 등 기계를 부리는 것을 제외하면 바람직한 것에 조정, 바람직하지 않은 것에 조종을 쓴다고 쉽게 생각해도 된다. 만약 앞의 예문처럼 조종을 써야 할 자리에 조정을 쓰면 신뢰가 확 떨어진다.

햇빛은 아무리 뜨거워도
피부가 탈 수 없다

돌 담에 속삭이는 햇발같이

풀 아래 웃음짓는 샘물같이

내 마음 고요히 고운 봄 길 위에

오늘 하루 하늘을 우러르고 싶다

비 개인 5월 아침

혼란스런 꾀꼬리 소리

찬엄(燦嚴)한 햇살 퍼져 오릅내다

김영랑의 아름다운 시들이다. '햇발'로 고운 봄과 눈부신 5월을 노래하고 있다. 이처럼 우리말은 해가 비치는 현상을 가지고도 '햇빛, 햇볕, 햇살, 햇발' 등으로 다양하고 섬세하게 표현하고 있다.

'햇빛'은 밝게 해 주는 빛, '햇볕'은 해가 내리쬐는 뜨거운 기운, '햇살'은 해가 내쏘는 광선을 일컫는다. 상황에 따라 이들 단어가 달리 쓰인다.

햇빛은 빛 자체를 뜻하므로 "햇빛이 비친다", "햇빛을 가린다"처럼 사용된다. 햇볕은 뜨거운 기운이므로 "햇볕이 쨍쨍 내리쬔다", "햇볕에 그을렸다" 등에 어울린다. 햇살은 광선이므로 "햇살이 퍼졌다", "햇살에 반짝였다" 등과 같이 쓰인다.

구분이 쉽지 않은 경우도 있으나 곰곰이 생각해 보면 셋 중에 가장 어울리는 것이 있다. "햇빛을 보다", "햇볕을 쬐다", "햇볕에 그을리다", "눈부신 햇살", "따가운 햇볕"처럼 잘 어울리는 말이 있다.

이처럼 우리말은 같은 것을 표현하더라도 어휘가 다양하고 섬세하기 그지없다. 한편으로 생각하면 과학적이고 분석적이다. 이들 단어를 제대로 가려 써야 섬세한 표현이 가능하고 우리말의 풍부한 표현력을 살릴 수 있다.

일절 외상하지
맙시다

퇴근하는 저녁 직장인들의 발길을 끄는 곳 가운데 하나가 포장마
차다. 아무래도 주머니가 가벼운 직장인들이 간단하게 한잔하기에
는 포장마차가 가장 만만하다. 직장인들이 퇴근하는 저녁이면 사
무실 빌딩 사이의 골목길엔 여기저기 포장마차가 들어선다.

출출한 퇴근 시간에 포장마차의 전구 불빛 아래 모락모락 피어
오르는 김과 안주 굽는 냄새는 직장인들의 발길을 끌어당긴다. 날
이 어두워지면서 하나둘 손님이 몰려들고, 금세 비좁은 포장마차
공간은 밖으로 터져 나가 주변에 간이 테이블을 늘어 놓으며 도로
를 점령하기 일쑤다.

포장마차에는 간단하나마 손님이 찾을 만한 안주는 다 있다. 그래서 일일이 열거하긴 뭣하고 한마디로 '안주 일절'이라고 써 놓았다. 하지만 손님 중에 안주 일절이 '안주 전혀 없음'에 가까운 뜻이라는 것을 아는 사람이 얼마나 될까.

일절(一切)은 '아주, 전혀, 절대로' 등의 뜻으로, '없다' 또는 '않다' 등 부정적인 단어하고 어울린다. 따라서 '안주 일절(전혀) 없음'은 될 수 있어도 '안주 일절 있음'은 될 수 없다. 일절은 물론 "일절 출입을 금합니다"에서처럼 행위를 금지할 때도 쓰인다.

'모든 것' 또는 '모두 다'를 뜻하는 단어는 일체(一切)다. "내가 일체의 책임을 지고 물러나겠다", "한잔 마시고 지나간 일은 일체 털어 버리자"에서처럼 쓰인다.

따라서 '안주 일절'은 '안주 일체'라고 해야 맞다. 손님이 많아서 안주가 일찍 바닥나면 그 순간만큼은 '안주 일절 (없음)'이 맞긴 하다. 한자는 '一切'로 같으면서도 일절과 일체로 차이가 나는 것은 한자 '切'이(가) '끊을 절'과 '모두 체' 두 가지 뜻으로 달리 읽히기 때문이다.

그러면 '외상 일체 사절'은 어떻게 될까. 요즘이야 포장마차에서도 카드 결제가 되므로 외상할 일이 없겠지만 카드가 없던 옛날에는 외상을 많이 하기도 했다. 외상을 절대 사절한다는 뜻이므로 '외상 일체 사절'이 아니라 '외상 일절 사절'이라고 해야 한다.

조개껍데기 묶어
그녀의 목에 걸고

소개섭질 묶어 그녀의 목에 걸고
불가에 마주 앉아 밤새 속삭이네
저 멀리 달그림자 시원한 파도소리
여름밤은 깊어만 가고 잠은 오질 않네

밥이 새까맣게 타 버려 못 먹어도
모기가 밤새 물어도 모두들 웃는 얼굴
암만 생각해도 집에는 가얄 텐데
바다가 좋고 그녀가 있는데 어쩔 수가 없네

윤형주가 부른 〈조개껍질 묶어〉다. 학창 시절 즐겨 듣고, 야유회 등에서 자주 불렀던 노래다. 여름날 바닷가의 추억을 떠오르게 한다. 그녀와 있으니 잠도 오지 않고, 뭐든 맛있고, 시간 가는 줄 모른다는 얘기가 와닿는다.

그러나 좋은 곡임에도 이 노래로 '껍질'과 '껍데기'는 대혼란을 겪게 된다. 껍질은 귤·양파·사과 등의 겉을 싸고 있는 부드러운 층(켜)을, 껍데기는 달걀·조개 등의 겉을 싸고 있는 단단한 물질을 뜻하므로 노래에 나오는 조개껍질은 틀린 말이다.

이 바람에 조개껍데기보다 조개껍질이라 부르는 것이 편하고, 전체적으로 껍질과 껍데기를 잘 구분하지 못한다. 달걀껍질·굴껍질·소라껍질·귤껍데기·사과껍데기 등처럼 대충 편한 대로 쓰고 있다.

여행을 하다 식당에서 조껍데기술에 돼지껍데기 안주로 한잔하는 경우가 있다. 맛은 좋지만 이 역시 모두 맞지 않은 말이다.

조(좁쌀)는 먹을 것이 부족했던 옛날 쌀과 섞어 밥을 지어 먹었으므로 식량으로 큰 몫을 했다. 가루로 내어 떡을 해 먹기도 했다. 특히 제주도에서 좁쌀 가루로 만든 떡을 '오메기떡'이라 하는데, 오메기는 좀 오므라들게 만들었다는 데서 온 말이라고 한다. 제주도 여행을 가면 선물로 많이 사오는 것이 이 오메기떡이다. 좁쌀 껍질로 만든 술도 덩달아 오메기술이라 부르게 됐다.

언제부터인가 조를 갈아 만든 술을 조껍데기술이라 부르는 것이 일반화됐다. 옛날에는 조껍질로 만들었으므로 조껍질술이 성립하지만 요즘은 알갱이로 만들기 때문에 그것마저 어울리지 않는다. 조껍데기술이라 부르게 된 것은 껍질과 껍데기를 구분하지 못하거나 알면서도 의미를 강하게 하기 위해서라고 추측된다. 요즘에 맞게 부르려면 좁쌀술 정도가 어울린다. 돼지껍데기도 씹을 때 쫄깃쫄깃해 껍데기라 하는지 모르겠지만 돼지껍질이라 불러야 한다.

조개의 경우 국립국어원 표준국어대사전은 조개껍질·조개껍데기를 모두 표준어로 올려 이러한 혼란을 부추기고 있다. 껍질이나 껍데기나 그게 그거고, 대충 불러도 되지 않느냐고 할지 모른다. 그러나 우리말의 풍부한 단어를 원래 뜻에 맞게 살려 쓰는 것이 의미가 없다고 말할 수는 없다.

뭐든지 마음대로 하니
얼마나 즐겁던지

'-든지'와 '-던지'를 구분하는 데 어려움을 겪는 사람이 의외로 많다. 저자가 근무하는 신문사로도 독자들이 자주 질문해 오는 사항이다. 말할 때나 글을 쓸 때 많이 등장하는 어휘이고 초보적인 맞춤법에 속하는 것이지만 늘 헷갈린다.

쉽게 구분하는 방법은 '-든지'는 선택, '-던지'는 과거 회상을 나타내는 단어라는 사실만 기억하고 있으면 된다.

구체적으로 설명하면 '-든지'는 어느 것이 선택되어도 차이가 없거나 대상 중에서 어느 것이 선택될 수 있음을 나타내는 조사나 연결어미로 쓰인다.

"사과든지 배든지 아무 것이나 좋다", "어디든지 사람이 사는 곳은 마찬가지다", "술이든 담배든 몸에 안 좋기는 마찬가지다"에서의 '-든지'는 선택을 나타내는 조사로, "가든지 말든지 빨리 결정해라", "노래를 부르든지 춤을 추든지 네 마음대로 해라", "선거를 하든지 말든지 관심이 없다"에서의 '-든지'는 선택을 나타내는 연결어미로 쓰인 것이다.

'-던지'는 지나간 일(과거)을 회상하거나 추측·의심·가정하는 뜻을 가진 단어로, 주로 연결어미로 쓰이나 조사로 쓰일 때도 있다.

"얼마나 춥던지 손이 펴지지 않았다", "얼마나 술을 먹었던지 아무 기억도 안 난다", "거기에 무엇이 있었던지 잘 모르겠다"에서는 '-던지'가 과거를 회상하거나 추측하는 연결어미로, "얼마나 똑똑한 아이던지 말하는 게 신통하더라"에서는 '-던지'가 조사로 쓰인 것이다.

조사든 연결어미든 사용하는 데 신경 쓸 것은 없다. 그냥 '-든지'는 선택, '-던지'는 과거라고 기억하면 된다. '많든지', '많던지'의 경우를 보면 "일이 많든지 적든지 열심히 하겠다"(선택), "어찌나 일이 많던지 죽을 뻔했다"(과거)로 쉽게 구분이 된다. '많던지 적던지'의 형태는 나올 수 없다.

비슷한 단어로 '-든가'와 '-던가'가 있다. '-든가'는 '-든지'와 마찬가지로 선택, '-던가'는 '-던지'와 마찬가지로 과거라고 생각하면 된다. "가든가 말든가 마음대로 해라"는 "가든지 말든지 마음대로 해라"와 같은 뜻이다. "그게 정말이던가?", "내가 그런 말을 했던가 싶어 당황했지"에서의 '-던가'는 과거 사실에 대한 물음이나 추측을 나타내는 종결어미다. 따라서 '-든가'와 '-던가' 역시 선택이냐 과거냐로 따지면 된다.

이들의 준말로 '-든'과 '-던'도 쓰인다. "사과든 배든 아무 것이나 좋다", "가든 말든 마음대로 해라"(선택)에서의 '-든'은 '-든지'의 준말이며, "선생님께서 기뻐하시던?", "그래, 일은 할 만하던?"에서의 '-던'은 '-던가'의 준말이다. "내가 살던 고향은 시골이다"에서는 준말은 아니지만 마찬가지로 과거의 뜻으로 쓰이고 있다.

결론적으로 '-든', '-든지', '-든가' 등 '든'이 들어간 것은 선택, '-던', '-던지', '-던가' 등 '던'이 들어간 것은 과거라는 사실만 기억하면 이들 단어를 구분하는 데 별 문제가 없다.

곤란해도
곤혹은 치를 수 없다

"욕 봐래이."

경상도 사람들이 쓰는 인사말 가운데 하나다. 다른 사람들이 들으면 불쾌하게 느껴질 수도 있는 말이다. 여기에서 욕은 수고의 속된 말로 "수고해라"는 의미다. 이런 뜻으로 받아들이는 데 익숙한 사람끼리는 "욕 봐래이"라는 인사를 주고받는 데 별다른 어색함을 느끼지 않는다.

경상도 사투리와 달리 '욕보다' 또는 '욕을 보다'는 일반적으로 부끄러운 일이나 몹시 고생스러운 일을 겪는 것을 뜻한다. '욕보다'는 직접적 표현보다 '곤욕을 치르다'는 형태로 주로 쓰인다. 곤욕(困

辱)은 심한 모욕 또는 참기 힘든 일을 가리킨다. '치르다'와 짝을 이뤄 대부분 '곤욕을 치렀다'는 문장구조로 사용된다.

"학력 논란에 휩싸여 곤욕을 치렀다", "배탈이 나 곤욕을 치렀다" 등이 '곤욕을 치르다'가 쓰이는 예다. 모두 몹시 고생을 했다는 의미다. 간혹 "신체적인 노출로 곤혹을 치렀다", "표절 시비로 곤혹을 치렀다" 등과 같이 곤욕 대신 곤혹을 사용하는 경우도 있는데 이는 자연스럽지 못한 표현이다

곤혹(困惑)은 곤란한 일을 당해 어찌할 바를 모름을 뜻하는 말이다. 심한 모욕이나 참기 힘든 일을 뜻하는 곤욕과는 다소 다르다. 곤혹은 일반적으로 "곤혹을 느끼다" 또는 "곤혹스럽다" 형태로 쓰인다. "예기치 못한 질문에 곤혹을 느꼈다", "처음 당하는 일이라 매우 곤혹스러웠다" 등처럼 사용된다.

"짚신도 짝이 있다"는 속담처럼 사람에게는 각자 어울리는 짝이 있다. 단어도 마찬가지다. 곤욕과 곤혹도 각각 어울리는 짝이 다르다. 곤욕은 '치르다'와 어울려 "곤욕을 치렀다"는 형태로, 곤혹은 '느꼈다' 또는 '-스럽다'와 짝을 이뤄 "곤혹을 느꼈다", "곤혹스러웠다"는 형태로 주로 사용된다는 것을 기억하면 된다.

'부문'은
지적 수준의 척도

연말이면 TV에서 각종 시상식을 한다. 가요대상도 있고 방송국마다 연기대상을 하기도 한다. 이러한 시상식에는 대체로 신인상·공로상·최우수상·대상 등 여러 분야로 나눠 수상을 한다. 사회자가 분야별로 호명을 하면 수상자가 나와 트로피를 받고 소감을 한마디씩 하는 형태로 진행된다.

이처럼 신인상·대상 등으로 분야를 나눌 때 '신인상 부문'이라고 해야 할까, '신인상 부분'이라고 해야 할까? 시상식을 유심히 지켜보면 '신인상 부분'이라고 발음하는 사회자가 적지 않다. 그렇다면 이는 맞는 말일까? 아니다. '신인상 부분'이 아니라 '신인상 부문'이라고 해야 한다. '부분'과 '부문'은 다른 개념이다.

'부분'은 전체를 이루는 작은 범위 또는 전체를 몇 개로 나눈 것의 하나를 뜻한다. 사과를 세 쪽으로 자르면 나누어진 세 개가 각각 부분이 된다. 사과의 썩은 면적이 있다면 그것은 썩은 부분이다. "썩은 부분을 잘라내고 깎아라", "행사가 세 부분으로 나뉘어 진행된다" 등처럼 사용된다. 부분의 의미나 용법을 모르는 사람은 별로 없다. 문제는 '부문'이다.

부문은 일정한 기준에 따라 나누어 놓은 갈래를 뜻한다. 사회과학 부문, 자연과학 부문, 중공업 부문 등처럼 정해진 기준에 의해 인간이 분류해 놓은 것이다. 문화·예술·학술 등에서 분야를 나누어 놓은 것은 모두 '부문'이라고 불러야 한다. 정부 부문, 공공 부문, 민간 부문, 해외 부문, 건설 부문, 섬유 부문, 화학 부문 등 일정한 기준에 의해 구분한 분야에는 '부문'이 붙는다.

연말에 방송국에서 하는 시상식에서도 상을 주는 분야는 부문이다. 부분은 나올 일이 없다. 일반적으로 방송에서는 대본을 써 주는 작가가 있다. 이들을 방송작가라고 한다. 드라마작가·시사교양 프로그램 구성 작가 등 다양하다. 시상식 역시 이러한 작가가 있어 전체적인 진행과 사회자의 멘트를 미리 만들어 주는 역할을 한다.

그렇다면 시상식에서 '신인상 부문'이라고 적힌 쪽지 또는 대본도 아마 작가들이 미리 적어 준 것으로 생각된다. 사회자가 이 쪽지나 대본을 보고 읽는데 '신인상 부분'이라고 했다면 두 가지 경우가 있을 수 있다. 작가가 '부문'이라 써 놓았는데도 사회자가 이것을 이해하지 못하고 대충 '부분'으로 읽는 경우다. '부문'의 개념이 없다면 '부분'이라고 하기 십상이고 '부문'의 발음이 쉽지 않다 보니 편리하게 '부분'이라고 했을 수도 있다.

또 한 가지 가능성은 작가가 처음부터 '신인상 부분'처럼 '부분'이라고 적어 놓은 경우다. 그러면 사회자는 당연히 그것을 따라 '부분'이라고 읽을 것이다. 어쨌든 두 경우 다 문제다. '부문'을 '부분'이라고 적어 주었다면 그도 문제이고 '부문'을 '부분'이라고 읽었다면 그 역시 문제다. '부분'과 '부문'을 따지는 것이 뭐 그리 중요하다고 그러느냐고 할지 모르지만 그렇지가 않다.

'부문'과 '부분'을 구분하지 못하는 것은 단순히 헷갈리는 단어한 가지를 잘 모르는 것과는 큰 차이가 있다. '부문'은 인간의 지적 활동과 싱당히 깊은 관계를 맺고 있는 것이기 때문이다. 앞에서 설명했듯이 '부문'은 인간이 지적활동으로 생긴 문화·예술·과학·학술 등의 분야에서 나누어 놓은 갈래를 가리키는 단어다.

따라서 정규 교육을 어느 정도 받은 사람이라면 '부문'의 개념에 대해서는 정확하게 알고 있어야 한다. 다른 어떤 단어보다도 그의 지적 능력이나 교육 수준을 판가름할 수 있는 상징적인 어휘다. 글을 쓸 때 '부문'이라고 정확하게 표기하고 읽을 때도 '부문'이라고 분명하게 발음해야 한다. '부문'을 '부분'이라 적는다든가 '부분'으로 발음한다면 지적 수준에 상처를 입을 수도 있다.

조우하고, 해후하고,
만남을 하고

삶은 만남의 연속이고 수많은 만남으로 엮어진다. 가족·친구·애
인·동료 등 다양한 형태의 만남이 있다. 만남은 기쁨·사랑·희망으
로 다가오기도 하고, 이별·슬픔·상처로 이어지기도 한다. 크게 보
면 좋은 만남이 있고, 그렇지 않은 만남도 있다.

　만남은 또 뜻하지 않게 이루어지는 것이 있고, 원해서 하는 것이
있다. 무엇보다 뜻하지 않은 만남이 삶에 큰 의미를 가져다주는 경
우가 많다. 이런 우연한 또는 뜻밖의 만남을 뜻하는 단어로 '조우'
와 '해후'가 있다. 한자어로, 말할 때는 거의 쓰이지 않지만 신문 기
사나 시·노래에서 가끔 볼 수 있다.

조우(遭遇)는 우연히 서로 만남을, 해후(邂逅)는 오랫동안 헤어졌다 뜻밖에 다시 만남을 뜻한다. 둘 다 예정되지 않은 만남이란 특징이 있다. 그러나 이들 단어의 뜻을 제대로 알고 쓰는 경우가 드물다. 만남과 동일한 의미로 사용하는 예가 많지만 둘 다 예정되거나 의도된 만남에는 쓸 수 없다.

"곧 개봉될 영화가 관객들과의 조우를 기다리고 있다", "둘은 이제 감독과 선수로 그라운드에서 조우하게 된다", "두 사람이 만남으로써 과학과 종교의 해후가 이루어졌다"에서는 우연히 또는 뜻밖에 만난 상황이 아니므로 조우와 해후가 적절하지 않다.

정확하게 사용한다면 시비 걸 일이 아니지만 그냥 '만난다'고 하면 될 것을 뜻도 제대로 모르면서 어려운 한자어를 끌어다 썼다. 때론 다양한 표현이 필요하나 많은 사람이 알아듣지 못하는 어려운 말을 일부러 사용할 이유는 없다. 자칫 의미를 알지도 못하면서 유식한 척 어려운 단어를 들이대는 꼴이 될 수 있다.

우리말 단어 중 약 70%가 한자어라고 한다. 어휘를 정확하게 사용하고 자유자재로 구사하기 위해서는 한자 공부도 필요하다. 하지만 굳이 어려운 한자어를 골라 쓸 이유는 없다. 틀리게 쓰느니 쉬운 말을 사용하는 게 낫다.

조우와 해후는 대부분 '만남'으로 변경해도 의미가 잘 통한다. 차이가 있긴 하지만 최성수의 〈해후〉는 쉽게 표현하면 노사연의 〈만남〉이 된다.

잘되면 제 탓,
못되면 조상 탓

남을 탓하는 것과 관련한 우리 속담이 많다. "잘되면 제 탓 못되면 조상 탓", "내 탓, 네 탓, 수염 탓", "못살면 터 탓", "이것은 내 탓이고, 저것은 네 탓이고, 그것은 수염 탓", "소경이 넘어지면 막대 탓" 등이 있다. 남을 탓하는 것을 경계하라는 조상의 지혜가 담겨 있다고 볼 수 있다. 아니면 무언가 잘못되는 경우 남을 탓하는 습성이 있기 때문일지도 모르겠다.

'탓'은 주로 부정적인 현상이 생겨난 까닭이나 원인을 나타낼 때 쓰인다. "선거 패배를 두고 네 탓 공방이 가열되고 있다", "이번 패배는 선수 기용을 잘못한 탓이다" 등처럼 사용된다. 반면 좋은 일에는 덕분(德分)이 쓰인다. "선배님 덕분에 맡은 일을 해낼 수 있었습니다", "덕분에 좋은 구경 했습니다", "걱정해 주신 덕분에 잘 지냈습니다" 등과 같이 사용된다.

그렇다면 "잘되면 제 탓 못되면 조상 탓"에서 "잘되면 제 탓"은 부정적 의미와 어울리는 '탓'의 용법상 맞지 않는다. 좋은 일은 덕분 또는 덕(덕택)과 어울려야 하므로 "잘되면 제 덕분(덕) 못되면 조상 탓"이 돼야 한다. 둘 다 '탓'으로 처리한 것은 아마도 대구법(對句法) 또는 반복법으로 리듬감을 살리기 위함이거나 '탓'을 강조하다 보니 그렇게 된 것으로 보인다.

"특소세가 내린 탓에 소비가 늘었다"는 어떻게 될까. 특소세가 내린 것이 소비에 긍정적 영향을 미쳤으므로 '특소세가 내린 덕분에'로 수정해야 한다. 이처럼 내용을 곰곰이 생각해 보고 '탓'이나 '덕분'을 선택해야 할 때가 많다. "희소성 탓에 부르는 게 값이다"는 정말 헷갈린다. 이 경우엔 사는 사람과 파는 사람에 따라 달라진다. 사는 사람은 희소성 탓이고, 파는 사람은 희소성 덕분이 된다.

'탓'과 '덕분' 말고도 어떤 일의 원인이나 까닭을 나타내는 말로 '때문'이 있다. '때문'은 "너 때문에 내가 얼마나 힘들었는지 아니?", "내가 기쁜 것은 오로지 너 때문이다" 등처럼 긍정이나 부정적 현상을 가리지 않고 두루 쓰인다는 점에서 탓이나 덕분과 구별된다. 따라서 "잘되면 제 탓 못되면 조상 탓"은 "잘되면 저 때문 못되면 조상 때문"으로 바꿔 써도 의미상 크게 차이가 나지는 않는다.

주객이
뒤바뀐 표현

예나 지금이나 대학 입시에서 눈치작전이 극성이다. 여기저기 눈치를 보면서 원서 마감 시간까지 기다렸다가 경쟁률 낮은 학과에 지원하는 전략을 눈치작전이라고 한다. 눈치작전이냐 소신지원이냐 그것이 문제로다. 원서 접수와 관련해 "소신지원으로 ○○대학에 원서를 접수했다", "며칠까지 원서를 접수받으므로 끝까지 눈치작전을 펴겠다" 등과 같이 말하기 쉬우나 이는 사실 관계가 어긋나거나 어설픈 표현이다.

접수(接受)는 신청서 또는 돈이나 물건을 받는 것을 뜻한다. 따라서 "○○대학에 원서를 접수했다"는 주객이 뒤바뀐 것이다. 학생이 접수하는 것이 아니라 대학이 접수하는 것이기 때문이다. 학생 입장에서는 "원서를 제출했다" 또는 "원서를 냈다"가 사실에 맞다. "며칠까지 원서를 접수받는다"는 '접수한다' 또는 '받는다'고 하면 되지 굳이 '접수받는다'고 표현할 필요가 없다.

사실 관계가 어긋난 표현은 '수여'라는 단어에서도 자주 일어난다. 수여(授與)는 증서·상장 등을 주는 것을 뜻한다. "○○○ 학생이 최우수상을 수여하겠습니다"는 주객이 바뀐 것이고, "○○○ 학생이 최우수상을 수여받겠습니다"는 어설픈 말이다. "최우수상을 받겠습니다", "최우수상을 수상하겠습니다"가 적절하다.

금융기관에서 돈을 빌리는 경우에도 "은행에서 대출했다" 등처럼 흔히 '대출했다'고 말하지만 대출(貸出)이 돈을 빌려주는 것이므로 사실과 일치하지 않는다. 빌리는 사람 입장에서는 "은행에서 차입했다" 또는 "은행에서 돈을 빌렸다"고 해야 한다. "사무실을 임대했다"도 입주자로선 "사무실을 임차했다" 또는 "사무실을 세 냈다"고 해야 정확한 표현이다.

이 밖에도 인수·발부·선고·언도 등 '-받다'를 붙여 쓰는 데 익숙한 한자어에서 사실 관계가 잘못되거나 어설픈 표현이 많이 나온다. 대부분 단어의 뜻을 정확하게 모르기 때문에 나타나는 현상이다. '원서를 접수했다'는 '원서를 냈다', '최우수상을 수여받는다'는 '최우수상을 받는다', '돈을 대출했다'는 '돈을 빌렸다' 등처럼 순우리말로 쉽게 표현하면 틀릴 염려가 없다.

산 넘어 산인가,
산 너머 산인가

산 ( ) 조붓한 오솔길에 봄이 찾아온다네
들 ( ) 뽀얀 논밭에도 온다네.
아지랑이 속삭이네 봄이 찾아온다고
어차피 찾아오실 고운 손님이기에
곱게 단장하고 웃으며 반기려네
하얀 새 옷 입고 분홍신 갈아 신고

박인희 노래 〈봄이 오는 길〉 가운데 일부다. 괄호 안에 들어갈
말은 각각 '넘어'일까 '너머'일까. 늘 헷갈리는 단어다.

너머는 경계나 높이를 나타내는 명사 다음에 쓰여 가로막은 사물의 저쪽 또는 그 공간을 뜻한다. '고개 너머 작은 마을', '저 너머에는 무엇이 있을까' 등처럼 쓰인다. 위치를 나타내는 명사이므로 너머 뒤에 '-에' 또는 '-에 있는'을 붙여도 말이 잘 통한다.

노래의 괄호 부분도 문맥상 각각 위치를 나타내므로 너머를 넣어 '산 너머 조붓한 오솔길', '들 너머 뽀얀 논밭'으로 하면 된다. '산 너머에 있는 조붓한 오솔길', '들 너머에 있는 뽀얀 논밭'이라는 의미다.

'넘어'는 동사 '넘다'에서 온 부사어다. 지나거나 건너는 등의 동작을 나타낸다. "산을 넘고 넘어 그대를 찾아왔다", "두 사람은 위기를 넘어 마침내 결혼에 성공했다" 등과 같이 사용된다. '너머'는 위치, '넘어'는 동작이라고 단순화해 생각하면 쉽다.

그래도 헷갈리는 경우가 있다. "산 넘어(너머) 산이다"고 할 때다. '산 넘어 산'과 '산 너머 산' 모두 가능한 표현이나 하나의 단계를 넘으니 또 다른 역경이 기다리고 있다는 의미(동작)이므로 "산 넘어 산이다"가 더욱 적절하다. 제목 등에서 이런 뜻으로 줄여 말할 때는 '산 넘어 산'이라고 간단하게 표현하면 된다.

말을 않고 떠나니
속이 안 상하니

우리말의 기본 중 기본이 '안'과 '않'이다. 사용 빈도가 높지만 막상 글로 적거나 문자 메시지를 보내려고 하면 헷갈린다. 많은 사람이 구분하기가 정말 어렵다고 하소연한다. '안'과 '못'의 띄어쓰기도 그렇다.

우선 '안'은 '아니'의 준말이고, '않'은 '아니하'의 준말이라는 사실을 알면 '안'과 '않'을 구분하는 데 도움이 된다. 그리고 '안'과 '못'의 띄어쓰기는 독립된 부사로 쓰였는지, 다른 단어와 결합해 한 단어가 된 것인지에 따라 달라진다.

"아니[안] 벌고 아니[안] 쓴다"에서 보듯 부사 '아니'가 줄어 '안'이

된 것이며, 띄어쓰기를 해 '안 벌다', '안 쓴다', '안 춥다', '안 먹는
다' 등으로 표기해야 한다.

　그러나 '아니'가 '하다'와 결합하는 경우 부정인 '아니[안] 하다'
와 별개로 '아니하다'가 있다. '아니 하다'는 두 단어, '아니하다'는
한 단어다. 이 때문에 '아니하다'는 줄면 '안하다'가 아니라 '않다'가
된다는 점에 유의해야 한다. '아니하'가 줄어 '않'이 되기 때문이다.
따라서 '아니 하다'가 준 '안 하다'와 '아니하다'가 준 '않다'는 있지
만 '안하다'는 없다.

　아니하다(않다)는 단독으로 쓰지 못하는 보조용언이다. "일이 생
각만큼 쉽지 않다", "별로 기쁘지 않다" 등과 같이 '-지 않다' 형태
로 사용되기도 하고, "말을 않고 떠났다", "세수를 않고 밥을 먹는
다"에서처럼 타동사로 쓰이기도 한다.

　같은 뜻의 문장에서 '안 하다', '-지 않다', '-를 않다'의 쓰임새를
보면 "우리 애는 공부를 안 한다", "우리 애는 공부를 하지 않는다",
"우리 애는 공부를 않는다"의 세 가지 표현이 가능하다. 일상 대화
에서는 '-지 않는다'보다 간략한 '안 한다' 형태를 많이 쓴다. 즉 "나
술 좋아하지 않아"보다 "나 술 안 좋아해"를 흔히 쓴다.

　'안'은 보통 띄어 쓰지만 "장사가 너무 안된다", "자식이 안되기
를 바라는 부모가 어디 있겠는가"에서와 같이 일·현상이 좋게 이
뤄지지 않거나 사람이 훌륭하게 되지 못함을 뜻하는 경우('잘되다'의
반대 개념) '안되다'는 한 단어이기 때문에 붙여 쓴다.

'못'도 '못 간다', '못 말린다' 등과 같이 대부분 띄어 쓰지만 '-를 않다', '-지 않다'와 비슷한 쓰임새인 "노래를 못한다", "말을 잊지 못했다"에서의 '못하다'는 한 단어다. '되다'와 결합하는 경우 "못된 심보다", "못된 게 남의 탓이냐", "잘된 일인지, 못된 일인지 누가 알 겠는가"에서처럼 성질·품행이 좋지 않거나 일이 뜻대로 되지 않음 을 나타낼 때는 '못되다'가 한 단어이므로 붙여 쓴다.

'안 되요'는
안 돼요

'안되요', '안돼요' 중 어느 것이 맞는지 궁금해 하는 사람이 많다. '되', '돼'는 발음상 구분이 되지 않기 때문에 누구나 표기에 어려움을 겪는다. 해답은 간단하다. '돼'는 '되어'의 준말이므로 '되어'로 바꿔 보아 말이 되면 '돼'로 적고, 그렇지 않으면 '되'로 적으면 된다. '안돼요'는 '안되어요'로 해도 말이 잘 되므로 '돼'가 된다. '안되니'의 경우 '안되어니'로 바꿀 수 없으므로 그냥 '안되니'로 적어야 한다.

문제는 "요즘 장사 잘돼"처럼 문장이 끝날 때는 '되어'로 바꿔 보아도 말이 통하는지 아닌지 구분하기 어렵다는 것이다. 그러나 "언제 밥 먹어"와 같이 문장이 끝날 때는 반드시 어미 '-어'가 들어간다는 사실을 알고 있으면 이 또한 해결된다. '먹다'의 어간인 '먹'으로만 문장이 끝날 수는 없다. "언제 밥 먹"이 되기 때문이다. "장사 잘돼"도 문장이 끝나는 부분이므로 '되+어' 형태인 '잘돼'가 된 것이다. "장사 안되"도 '안되어' 형태인 "장사 안돼"로 해야 한다.

한 가지 덧붙일 것은 '안돼요'는 띄어 써야 한다(안 돼요)는 점이다. "장사가 너무 안된다", "자식이 안되기를 바라는 부모는 없다"처럼 일이 좋게 이루어지지 않거나 사람이 훌륭하게 되지 못한다는 뜻('잘되다'의 반대)으로는 '안되다'가 한 단어이지만, 그 외에는 '안'을 모두 띄어 써야 하기 때문이다. 이처럼 내용에 따라 붙였다 띄었다 하는 단어가 많다. 띄어쓰기의 어려움이 여기에 있다. 규정을 좀 더 단순화할 필요가 있다. 전문가도 어려운데 일반인에게 이런 것을 요구하기는 무리다.

한동안 유행했던 장윤정의 노래 〈어머나〉를 기억하는 사람이 적지 않을 것이다. 노래에는 '안되요 안되요 이러시면 안되요'라는 대목이 나오는데 '안돼요 안돼요 이러시면 안돼요'로 표기해야 바르다. 띄어쓰기까지 하면 '안 돼요 안 돼요 이러시면 안 돼요'로 해야 한다. '되', '돼'는 '되어'로 바꿔 보아 말이 되면 '돼'로 적고, 문장이 끝날 때는 무조건 '돼'로 쓴다고 생각하면 쉽다.

제6장

알아둘수록 품격을
높이는 단어

글을 쓰거나 말을 할 때 단어의 정확한 의미를 모르고 사용하는 경우가 적지 않다. '옥석구분(玉石俱焚)'은 옥과 돌이 함께 탄다는 뜻으로, 필요한 것까지 모두 잃어버리게 되는 경우를 의미한다. 따라서 "선거에서 옥석구분을 잘 해야 한다"는 표현은 성립하지 않는다. '희귀병'을 앓고 있다고 얘기하는 경우도 많은데 '희귀병'은 드물고 귀한 병이라는 뜻이므로 '희소병'이라고 해야 바르다.

'뇌살적인 미소'처럼 '뇌살적'이라는 말도 많이 쓰이지만 '뇌쇄적'이 맞는 단어. "정치적 금도를 지켜라"처럼 '금도'라는 말도 적잖이 사용된다. 하지만 금도(襟度)는 다른 사람을 포용할 만한 도량을 뜻하므로 이런 식으로 사용해서는 안 된다. 패션계 등에서 계절이 바뀔 때 '긴절기'라는 말을 자주 사용하는데 이 역시 정상적인 단어가 아니다. 일본식 표현인 '節氣の間'의 글자를 잘못 조합해 옮긴 것이다. '환절기'가 바른말이다. 이 밖에도 잘못된 단어를 사용하는 경우가 많다.

금도는 누구도
지킬 수 없다

정치인들이 많이 쓰는 단어 표현 가운데 '금도'가 있다. "정치적 금도를 지켜라", "금도를 벗어난 정치공세를 개탄한다", "정쟁에도 금도가 필요하다" 등처럼 쓰인다. 어떤 한계나 금지선 등의 의미로 사용하는 것으로 보인다.

하지만 이런 뜻으로 '금도'라는 단어는 없다. 사전을 찾아보면 금도에는 두 가지가 있다. 한자어로 금도(禁盜)와 금도(襟度)다. 앞의 금도(禁盜)는 도둑질하는 것을 금한다는 뜻이다. 정치인이 도둑이 아닌 이상 스스로 이런 말을 할 리는 없으니 이 단어는 따져 볼 필요가 없다.

나머지 단어인 금도(襟度)는 다른 사람을 포용할 만한 도량을 뜻한다. 여기에서 금(襟)은 '옷깃 금'자로 옷깃·가슴·마음·생각 등을 의미한다. "옷깃을 여미다"고 하면 경건한 마음으로 옷을 가지런하게 해 자세를 바로잡는다는 뜻이 되듯 금(襟)은 주로 사람의 마음가짐을 뜻한다. "병사들은 장수의 금도에 감격했다" 등처럼 쓰인다. 따라서 금도 역시 정치권에서 자주 쓰는 금도와는 거리가 멀다.

그렇다면 정치인들은 금도를 어떤 뜻의 단어라고 생각하는 것일까. 아마도 '금지할 금(禁)'자와 '법도 도(度)'로 이루어진 금도(禁度)를 연상하는 것이라 판단된다. 이런 단어라면 일정한 한계, 넘어서는 안 되는 선 등의 의미가 될 수 있다. 하지만 사전에 없는 말이다. 누군가 그러려니 해서 사용한 것을 남들이 무턱대고 따라 하다 보니 마구 쓰이게 된 것으로 보인다.

금도(禁度)라는 단어가 없으므로 "정치적 금도를 지켜라", "금도를 벗어난 정치공세를 개탄한다", "정쟁에도 금도가 필요하다" 등의 말은 성립하지 않는다. '금도'는 고상하거나 무슨 대단히 품위 있는 말이 아니다. 금도란 낱말을 사용하지 말고 "정치적 정도를 지켜라", "도를 벗어난 정치공세를 개탄한다", "정쟁에도 일정한 선이 필요하다" 등 다른 말로 적절히 바꿔 표현하는 수밖에 없다.

희귀병에 걸린
희귀한 사람들

1990년대 틴틴파이브의 일원으로 활동하며 최고의 인기를 누리던 개그맨 이동우는 2003년 날벼락 같은 진단을 받는다. 시력을 잃는 불치병에 걸렸다는 것이다. 이 병에 걸리면 시력을 상실하지만 마땅한 치료 방법이 없다. 그는 결국 정상인의 5% 정도밖에 볼 수 없어 아내와 아이의 얼굴도 알아보지 못하는 상태가 됐다. 고통과 절망이 엄습했다.

그러나 그는 포기하지 않고 지팡이를 짚고 세상에 나왔다. 라디오 프로그램을 진행하고 음반을 내고 연극을 하는 등 여러 분야에서 다시 활동하기 시작했다. 고통을 극복하는 과정과 시각장애인으로 살아가는 일상을 《5%의 기적》이라는 책에 담아내기도 했다. 그는 남들에게 감동을 주고 희망을 줌으로써 보건복지부와 KBS가 주는 대한민국휴먼대상 희망나눔상을 받기도 했다.

이동우가 걸린 병처럼 보기 드문 질병을 일반적으로 희귀병이라 부른다. 하지만 희귀병이란 용어는 부적절한 측면이 있다. 희귀(稀貴)는 드물 희(稀)와 귀할 귀(貴)로 구성된 한자어로 드물어서 매우 진귀한 것을 뜻한다. 다시 말하면 매우 드물어서 가치가 높은 것을 의미한다. 희귀 금속, 희귀 우표, 희귀 동전 등을 생각하면 희귀의 의미가 쉽게 다가온다.

드물어서 귀하게 대접받는 병이란 있을 수 없으므로 희귀병은 몹시 어색한 용어다. 대신 사용할 수 있는 말이 '희소병'이다. 희소(稀少)는 매우 드물고 적음을 뜻한다. 어떤 현상의 많고 적음만을 나타내는 가치중립적 단어다. 희소 상품, 인구 희소 지역 등처럼 쓰인다. 따라서 드물게 발견되는 병이라면 희소병이라 부르는 것이 적절하다.

희소병은 인구 중 적은 비중에만 영향을 미치는 질환을 통틀어 일컫는 말이다. 일반적으로는 '희귀병' 또는 '희귀 질환'이라고 이야기한다. 대부분의 희소병은 유전성이 있으므로 증후군이 즉시 발현하지 않는다 하더라도 인생 전반에 걸쳐 나타날 수 있다고 한다. 수많은 희소 질환은 생애 초에 나타나며 희소 질환을 가진 어린이들 가운데 약 30%가 5세 생일을 맞기 전에 사망한다고 한다.

희소병 가운데는 '인어 증후군'이라는 것이 있다. 선천적으로 두 다리가 붙은 상태로 태어나는 병이다. '나무인간 증후군'이라고도 있는데 이 증상은 손과 발이 나무뿌리처럼 변하는 피부 질환이라고 한다. '늑대인간 증후군'이라는 것도 있다. 온몸에 털이 자라는 병이다. '조로증'도 있다. 어린이가 급속도로 노화하는 병으로, 몸이 작고 피부에 주름이 많으며 노인같아 보이는 특성이 있다고 한다.

어쨌거나 이들 질환은 발생할 확률이 낮은 질병이고 좋지 않은 병이다. '희귀병' 또는 '희귀 질환'이라 부르기에는 부적절하다. 희소병, 희소 질환이 알맞은 말이다. 참고로 희귀병이나 희소병 모두 사전에는 올라 있지 않은 조어다.

환절기는 있어도
간절기는 없다

겨울에서 봄으로 바뀌거나 가을에서 겨울로 바뀌는 등 계절이 변화하는 시기에는 옷을 제대로 갖춰 입기가 쉽지 않다. 이러한 시기에는 두 계절이 함께 있는 것이나 마찬가지이기 때문이다. 겨울에서 봄으로 넘어가는 시기에는 아침엔 쌀쌀하지만 낮에는 따뜻해 옷을 맞춰 입기가 더욱 쉽지 않다. 아침저녁을 생각하면 웃옷을 하나 걸쳐 입어야 하지만 낮에는 덥고 불편하다.

일반적으로 이런 때를 환절기라 부른다. "환절기 감기에 조심하세요" 등처럼 자주 쓰이는 말이다. 그러나 근래 들어 패션에서는 특별히 이런 시기를 '간절기'라 칭하는 경향이 있다. "간절기에는 재킷을 꼭 챙겨 입어야 한다", "간절기 필수 아이템 슬림 패딩 출시" 등 계절이 바뀌는 이즈음 언론 매체나 인터넷의 패션 관련 글에서 간절기란 용어가 흔히 등장한다.

그러나 '간절기'는 정체불명의 단어다. 한자어권 어디에도 이런 낱말은 없다. 일본식 표현을 오역한 것일 뿐이다. 일본어에는 환절기(換節期)라는 말이 없어 대신 '절기의 사이'라는 표현을 쓰고 있다. '節氣の間'이다. '間(あいだ)'은 시간적·공간적 간격을 나타내는 용어다. 이 '節氣の間'의 글자를 무분별하게 조합해 옮긴 것이 바로 '간절기'다(오경순,《번역투의 유혹》).

2000년 국립국어원이 '간절기'를 신어 목록에 올렸지만 이는 한 해 동안 신문이나 잡지 등에 새로 등장한 용어를 모은 것일 뿐이다. 이 가운데는 유행어뿐 아니라 비속어도 포함돼 있다. 그 말이 어법상 옳은 것인지는 따지지 않는다. 따라서 이를 근거로 '간절기'라는 단어를 사용해도 된다는 주장은 성립하지 않는다. 심지어 '간절기'는 일본 사전에도 없는 말이다.

'간절기'가 마치 업계 전문 용어인 것처럼 널리 쓰이면서 우리 고유어인 환절기(換節期)를 밀어내는 형국이다. '간절기'가 '절기의 사이'로 더욱 분석적이고 과학적인 의미를 담고 있는 것으로 생각하기 쉬우나 계절이 바뀌는 시기를 나타내는 '환절기'와 결국은 같은 뜻이다. 소중한 우리말을 두고 정체불명의 단어를 사용할 필요가 없다. '간절기'는 '환절기'일 뿐이다.

마음적으로 하지 말고,
마음으로 하세요

"황사가 올 때는 가급적 외출을 삼가는 것이 좋다", "역사적 가치가 매우 높은 작품이다" 등처럼 '-적'이 붙은 단어가 많이 쓰인다. "경제적 수준이 높아지고, 정치적 자유가 증진되고, 문화적 다양성이 확대되긴 했지만 사회적·문화적 공통분모가 부족하다" 등처럼 한 문장 안에서도 '-적'이란 말이 무수히 나오는 경우가 있다.

우리말에서 '-적'이 사용된 것은 그리 오래되지 않았다고 한다. '-적(的)'은 본래 '-의'의 뜻으로 쓰이는 중국어 토씨로, 일본 사람들이 쓰기 시작한 것을 우리가 따라 쓰게 된 것이다. 일본에서는 메이지 시대 초기에 영어의 '-tic'을 번역하면서 처음으로 '-적'이란 말

을 썼다(다카다 히로시, 《本のある生活》). 영어의 팬태스틱(fantastic)을 '환상적'이라고 번역해 적는 방식이다.

이후로는 그동안 써온 '-식(式)'이나 '-성(性)'이란 단어 대신 '-적'이 많이 쓰이게 됐다. 우리나라에서는 개화기 잡지나 소설에서 '-적'을 사용하는 경우가 눈에 띄게 증가한다. 이렇게 해서 두루 쓰이게 된 '-적'은 이제 우리말의 일부분이 됐다. 효용가치도 있으므로 적절하게 사용하면 된다. 문제는 '-적'을 마구 씀으로써 우리말의 다양한 단어와 표현을 밀어내고 어색한 말을 만들어 낸다는 점이다.

"방사선이 무조건적으로 나쁜 것은 아니다", "전문적인 교육을 받지 못하고 있다", "인터넷은 시간적·공간적 제약이 없다"는 불필요하게 '-적'을 붙인 경우다. '무조건 나쁜 것이 아니다', '전문 교육을 받지 못하고 있다', '시간·공간(의) 제약이 없다' 등처럼 '-적'이 없어도 아무 문제가 없는 표현이다.

"영어로 말하기에 익숙해지면 자연적으로 듣는 데도 익숙해진다", "장난적인 답변은 사양합니다", "조화적인 색채 감각을 바탕으로 했다"에서는 '-스럽게' 또는 '-스러운' 등이 어울리는 자리에 '-적'을 사용한 것이다. '자연스럽게 듣는 데도 익숙해진다', '장난스러운 답변', '조화로운 색채 감각'으로 하는 것이 낫다.

우리말에서는 다양한 조사와 어미가 있기 때문에 이처럼 '-적'을 쓰지 않아도 되는 경우가 많다. 이렇게 '-적'을 남용하는 것은 혹여나 '-적'이라고 하면 무언가 학식이 있어 보인다고 생각하기 때문인지도 모르겠다.

요즘은 특히 '마음적으로'라는 말을 많이 쓰고 있다. "마음적으로 고생이 많았다", "마음적으로 성원을 보낸다", "마음적으로 많이 성숙해졌다" 등이 이런 예다. 하지만 이는 몹시 어설픈 표현이다. '-적'이 한자어여서 순우리말과는 잘 어울리지 않기 때문이다. '마음고생이 많았다', '마음으로 성원을 보낸다', '정신적으로 많이 성숙해졌다' 등이 정상적인 표현이다. "몸적으로 힘들었다"도 마찬가지다. '몸이 힘들었다' 또는 '육체적으로 힘들었다'고 해야 한다.

어쩌다가 할머니가
귀를 잡수시게 했나

어릴 적 시골에서 우리 할머니는 귀가 잘 들리지 않으셨다. 그래서 할머니의 귀에 대고 엄청 큰소리로 얘기해야 할머니가 겨우 알아듣곤 하셨다. 요즘이야 기술이 발달해 보청기를 끼면 어느 정도 해결이 가능하지만 이런 것이 없던 과거에는 대화에 무척 어려움을 겪었다. 요즘도 연세 드신 어른 가운데는 귀가 잘 들리지 않는 분이 꽤 있다.

이처럼 어르신이 귀가 잘 들리지 않는 경우 '귀를 잡수셨다'는 말을 하곤 한다. 일반적으로는 '귀를 먹었다' 또는 '귀가 먹었다'고 하지만 어른에게는 '먹었다'는 표현이 불경스러워 이와 같이 말하는 것이다. 작은 소리를 잘 듣지 못하는 정도이면 '가는귀를 먹었다' 대신 마찬가지로 '가는귀를 잡수셨다'고 한다.

어른이 밥을 드시는 경우 존댓말로 '먹다' 대신 '잡수시다' 또는 '자시다'고 하기 때문에 '귀를 먹다'도 '귀를 잡수시다' 또는 '귀를 자시다'고 하는 것이 당연한 높임말로 생각하기 쉬우나 그렇지 않다. '귀를 먹다'에서 '먹다'는 입을 통해 배 속으로 음식을 섭취하다[食]는 개념의 단어와는 전혀 다른 것이다.

이때의 '먹다'는 귀나 코가 막혀 제 기능을 하지 못하게 됐다는 뜻이다. "귀가 먹어 잘 듣지 못한다", "귀를 먹어 불러도 그냥 지나쳤다", "감기에 걸려 코 먹은 소리를 냈다" 등처럼 쓰인다. 높임말은 '시'를 붙여 '귀를(귀가) 먹으셨다'고 해야 한다. "귀를 먹으셔서 잘 듣지 못하신다" 등과 같이 활용하면 된다.

'먹다'의 존칭이 '잡수시다' 또는 '자시다'라고 해서 '할머니는 귀를 잡수셨다' 또는 '할머니는 귀를 자셨다'고 하면 '할머니는 귀를 드셨다[食]'는 의미가 돼 망발이나 다름없다. 할머니가 식인종도 아니고 어떻게 귀를 드신다는 말인가? '할머니는 귀를 먹으셨다'고 해야 한다. "가는귀를 잡수셨다", "가는귀를 자셨다" 역시 '가는귀를 먹으셨다'고 표현해야 바르다.

피로회복제 때문에
피로가 쌓인다

복잡하고 바쁜 삶을 살아가는 현대인들은 누구나 정신적·육체적 피로에 시달리게 마련이다. 피로가 쌓이면 건강을 해칠 수 있으므로 나름대로 운동이나 여가활동을 하는 등 피로를 없애기 위해 노력한다. 전문가들은 건강해지려면 우선 몸의 피로를 그때그때 풀어 주는 것이 중요하다고 조언한다.

시중에는 피로를 해소하는 데 도움이 되는 물질을 함유한 음료수나 드링크제도 많이 나와 있다. 이들 가운데는 피로회복제란 이름을 단 제품이 적지 않다. 만성피로와 스트레스에 시달리는 직장인들은 혹여나 도움이 될까 이런 것에 의지하기도 한다. 특히 과로

나 과음 뒤에는 이런 제품을 찾는 사람이 많다.

약국에서도 가장 흔한 상담 가운데 하나가 피로와 관련된 것이라고 한다. 예전에는 마시는 피로회복제가 주였으나 요즘은 종류도 참 많아졌다. 비타민 성분이 들어간 것이나 인삼 성분이 들어간 것이 일반적이었지만 요즘은 한약재 성분이나 로열젤리 등이 함유된 제품 등도 많다. 인태반 성분을 함유한 것도 출시돼 있다고 한다. 몸에 좋은 성분이 들어가 있을수록 가격은 비싸다.

재미있는 것은 이러한 피로회복제로는 절대로 피로를 풀 수 없다는 사실이다. "어서 건강을 회복하시길 빕니다"처럼 회복이란 앞에 오는 말을 원래 상태로 되찾게 하는 것을 뜻한다. 명예 회복, 신뢰 회복, 주권 회복 등의 예를 보면 이런 점이 더욱 분명해진다. 따라서 피로회복제는 피로를 되찾는 것을 의미한다. 즉 몸을 피로한 상태로 되돌려 놓는 것을 뜻한다.

피로회복제는 피로해소제로 이름을 바꿔야 한다. 그래야 피로를 없애 버린다는 뜻이 된다. 숙취 해소, 갈증 해소, 스트레스 해소라고 하지 숙취 회복, 갈증 회복, 스트레스 회복이라고 하는 사람은 없다. 굳이 회복이라는 단어를 사용하려거든 '원기회복제' 정도가 적절하다. 피로회복제는 마셔봐야 자꾸 피로만 쌓인다. 어느 회사가 기존의 피로회복제로는 의미상 피로가 풀릴 수 없으므로 피로해소제인 자기네 회사 제품을 이용해야 한다고 잘 홍보한다면 상당히 효과를 볼지도 모르겠다.

복걸복은
재수가 없다

누구나 복권이 되기를 꿈꾼다. 저자도 이러한 꿈을 꾸면서 가끔 복권을 산다. 직장에서는 종종 이런 유쾌한 농담을 하기도 한다. 복권에 당첨되면 어떻게 할 것이라는 이야기다. 웃기는 것은 나름대로 복권이 되는 경우에 대한 대책이 이미 다 세워져 있다는 사실이다. 마누라 모르게 어떻게 그것을 숨길 것인지를 기가 막히게 고안해 낸 사람도 있다. 무조건 가족과 가까운 친척들에게 골고루 나누어 준다는 사람도 있다. 괜스레 혼자 먹었다가는 나중에 빈털터리가 되는 경우 외면당하기 십상이기 때문이란다. 모두가 웃자고 하는 이야기이지만 상상만 해도 즐거운 일이 아닐 수 없다.

그렇다면 실제로 복권에 당첨되는 횡재를 하면 현재보다 행복해질까. 평범한 자동차 수리공이던 미국의 폴 쿠니(37)는 어머니가 사준 복권이 1등에 당첨돼 무려 2,071만 달러(약 245억원)의 거금을 받았다. 그는 상금을 받자마자 자신이 일하던 자동차 판매회사의 경영권을 사들였다. 불행 끝, 행복의 시작이었다. 그러나 쿠니는 방만한 경영으로 1년 만에 회사 문을 닫았다. 이어 고급 중고차 판매업을 시작했으나 이 또한 뜻대로 되지 않았다.

가정도 흔들리면서 3년 뒤에는 부부 사이에 금이 가 당첨금의 3분의 1인 690만 달러를 주고 이혼했다. 쿠니는 가진 돈으로 쉽게 재혼했지만 위자료만 주고 또 이혼했다. 새로 시작한 중고차 판매 사업도 잘 되지 않아 고리의 사채를 끌어 쓰다 500만 달러의 빚을 지고 법원에 파산 신청을 했다. 복권에 당첨되고 불행해진 건 쿠니만이 아니다. 미국에서 최근 40년 동안 거액의 복권에 당첨된 23명 중 21명이 알거지가 신세가 됐다는 조사 결과도 있다. 복권 당첨자의 90%가 이전보다 불행해진 셈이다.

우리가 그토록 돼지꿈을 꾸기를, 그리하여 복권에 당첨되기를 바라지만 막상 당첨된다면 오히려 불행해질 확률이 훨씬 높다는 얘기다. 횡재(橫財)는 곧 횡액(橫厄)이 될 수도 있다. 그렇거나 말거나 복권은 일단 되고 볼 일이다. 당첨된 뒤의 계획도 이미 다 세워져 있다. 많은 사람은 자신이 당첨되기를 꿈꾸며 오늘도 로또 복권을 산다. 되고 안 되고는 다 운에 달린 것. '복걸복'이다. 나라고 당첨되지 말란 법이 없다. 이처럼 어떤 일을 하면서 막연하게 운에 기대는 경우 흔히 복걸복이란 말을 사용한다. '복궐복'이나 '복골복'이라 하기도 한다.

그러나 복걸복 또는 복궐복, 복골복이란 단어는 없다. 복불복(福不福)이 맞는 말이다. 복불복은 복분(福分, 복을 누리는 분수)의 좋고 좋지 않음, 즉 복이 있고 없음을 뜻한다. 사람의 운수를 이르는 말로, 어떤 일의 성사 여부가 불투명할 때 또는 똑같은 경우와 환경에서 여러 사람의 운이 각각 차이가 날 때 주로 쓰인다. '복걸복'으로 쓰기 십상인 것은 복불복의 발음이 불편해 자연스럽게 변형되기 시작하면서 복걸복 또는 복궐복 등으로 바뀐 때문으로 추측된다. 복불복이 바른말이다.

뇌살적 미소는
사람을 죽이는 미소

중국의 4대 미인은 서시·왕소군·초선·양귀비다. 춘추전국 시대 말기 서시에게 빠진 오왕 부차는 결국 국력을 키운 월나라에 패망하게 된다. 왕소군은 한나라 원제의 궁녀였으나 흉노족에게 끌려가게 된다. "봄은 왔으나 봄같지 않구나[春來不似春]"라는 구절은 그의 애절한 심정을 담은 것이다. 양귀비는 당 현종의 후궁으로 총애를 받았지만 현종이 지나치게 빠져듦으로써 안사의 난이 일어나는 원인이 됐고 당은 멸망했다. 결국 이들 미인의 아름다움에 매혹된 왕들 때문에 나라가 망하기에 이르렀다.

여자의 아름다움이 이처럼 남자를 매혹시켜 못 견디게 애가 타도록 할 정도라면 뭐라 불러야 할까. 뇌를 마비시킬 정도로 아름답다는 의미에서 '뇌살적'이라고 하면 될까. 실제로 '뇌살' 또는 '뇌살적'이란 단어가 많이 쓰인다. '뇌살(적인) 미소', '뇌살적인 눈빛', '뇌살적인 매력', '뇌살적인 자세' 또는 '뇌살적이다' 등의 표현을 심심치 않게 볼 수 있다. 심지어 신문과 방송에서도 이런 말이 등장한다.

그러나 '뇌살'이란 단어는 없다. '뇌쇄'가 맞는 말이다. 한자어로, 한자 표기가 '惱殺'이어서 '뇌살'로 발음하기 십상이지만 '뇌쇄'로 읽어야 한다. 물론 시험 볼 때를 제외하곤 한자를 써 놓고 읽어 보라고 하는 일은 잘 없겠지만 이것에서 온 말로 '뇌쇄'가 맞다. 한자 '殺'은 뜻에 따라 달리 읽힌다. '죽이다', '없애다'는 뜻으로 쓸 때는 '살'로 읽히지만 '몹시', '매우' 또는 '감하다', '빠르다'는 뜻으로 쓸 때는 '쇄'로 읽힌다.

'살'이라고 읽히는 예로는 살균(殺菌), 살생(殺生) 등이 있다. '쇄'로 읽히는 경우는 뇌쇄 말고도 상쇄(相殺)나 쇄도(殺到)가 있다. '殺', 즉 '살 또는 쇄'가 '살균'에서는 '죽이다', '뇌쇄'에서는 '몹시', '상쇄'에서는 '감하다', '쇄도'에서는 '빠르다'는 뜻으로 쓰였다. 뇌쇄의 '뇌'도 일반적 생각과 달리 두뇌를 의미하는 '腦'가 아니라 '번뇌하다', '괴로워하다'는 뜻으로 쓰이는 '번뇌할 뇌(惱)'자다. 따라서 뇌쇄는 몹시 애가 타도록 만든다는 뜻이다.

범죄 영화에 나오는 살인 미소(killer smile), 연예인의 별명으로 붙는 살인 미소(assassin smile) 등을 연상해 '사람을 쓰러뜨릴 정도로 몹시 매력적인 미소'라는 의미에서 '뇌살'이란 단어를 더욱 많이 쓰이는 것으로 보인다. 하지만 '뇌살'은 애초에 없는 말로 '뇌쇄'라고 해야 한다.

한자를 모르면 우리말 단어를 정확하게 구사할 수 없다. '뇌살'이란 말도 결국은 한자나 한자어의 특성을 모르기 때문에 발생하는 것이다. 귀절→구절(句節), 목단→모란(牡丹), 다례→차례(茶禮, 제사), 금슬→금실(琴瑟) 등도 이러한 현상이라 볼 수 있다.

국민은
민초가 아니다

군자의 덕은 바람이요, 소인의 덕은 풀이다. 풀 위로 바람이 불면 풀은 바람 부는 방향으로 따라 눕게 마련이다[君子之德風 小人之德草 草上之風 必偃].

춘추 시대 노나라의 실권자 계강자의 물음에 공자가 답한 말이다. "윗물이 맑아야 아랫물이 맑다"는 뜻으로 《논어(論語)》〈안연(顏淵)〉편에 나온다.

처음으로 백성[民]의 품성과 양태를 풀에 비유한 것으로 여겨지는 말이다. 이와 관련이 있는지는 알 길이 없으나 일본에선 풀[草]

과 백성[民]을 조합해 민초(民草)라는 말을 만들어 써 왔다. 백성은 나라의 근본을 이루는 일반 국민을 예스럽게 이르는 말인 반면 민초는 백성을 질긴 생명력을 가진 잡초에 비유해 이르는 말이다.

이 '민초'라는 말이 우리나라에도 들어와 흔히 쓰이고 있는데, 그 사용에 대해서는 각자 견해가 다르다. 절묘한 조어(造語)로, 같은 한자어 문화권에서 일본인이 만든 것이라 해서 맹목적으로 거부해야 할 필요는 없다고 보는 사람이 있다. '풀뿌리 민주주의'라는 말도 쓰고 있으니 민초가 별로 어색하지 않다고 한다. 민초만이 특별히 나타낼 수 있는 의미가 있기도 하다.

그런가 하면 일본식 한자어라는 점에서 거부감을 느끼는 이도 많다. 무엇보다 우리말에 남아 있는 일제 잔재를 청산해야 한다는 인식이 바탕에 깔려 있다. 백성을 뜻하는 단어인 국민·서민·인민·공민·평민·생민·촌민 등과 같이 초민(草民)이라면 그런대로 의미가 통하지만, 거꾸로 된 민초(民草)는 풀의 이름 같아 구조적으로 문제가 있다고 보기도 한다.

어쨌든 보통의 경우는 백성·국민·서민 등 다른 말을 제쳐 놓고 굳이 민초를 쓸 필요가 없다는 생각이다. 일본식 한자어이기도 하지만 국민을 존중하기보다 풀과 같이 하찮은 존재로 여기는 말인 것 같아 영 내키지 않는다. 이리저리 짓밟히면서도 끈질긴 생명력을 유지해 갈 수밖에 없는 잡초로 스스로를 여기기 싫은 때문이요, 민초가 아니라 백성으로 대접받고 싶은 까닭이기도 하다.

가을에는 기분학상으로
우울해지기 쉽다

"가을에는 기분상 우울해지기 쉽다"와 "가을에는 기분이 우울해지기 쉽다"는 표현은 어떤 차이가 있을까? 아마도 '기분상'이라고 하는 것이 무게 있어 보이고 학식이 있어 보인다고 생각하지 않을까 싶다. 그래서 그런지 "같은 환경에서도 사람마다 감정상 변화가 다르다", "무엇을 타든 시간상·비용상 큰 차이가 없다", "이 시스템은 운영상 불편이 많다" 등과 같이 '-상'이란 말이 많이 쓰이고 있다.

그러나 가만히 따져 보면 굳이 '-상'을 쓸 필요가 없는 것이 대부분이다. "기분이 우울해지기 쉽다", "사람마다 감정 변화가 다르다", "시간·비용에 큰 차이가 없다", "운영에 불편이 많다" 등과 같이 다른 말로 바꾸거나 아예 없애는 것이 오히려 자연스럽다.

기분의 경우 한발 더 나아가 "가을이 되니 왠지 기분학상 서글퍼지는 것 같다", "아직 그 남자를 제대로 알 수는 없지만 기분학상으론 괜찮아 보였다"는 문장처럼 '기분학상'이란 말을 쓰는 사람도 있다. 기분이 학문으로 승격되고 거기에 다시 '-상'이 붙었다. 거창해 보이고 무언가 있어 보이지만 얼토당토않은 말이다.

우리말에선 상(上)이 원래 이처럼 쓰이지 않았다. "상으로 등급이 매겨져 무척 기쁘다"와 같이 품질이나 등급을 나눌 때 비교적 뛰어나고 좋은 부분을 뜻하거나 "지갑을 도로 상에서 주웠다", "지구상에는 수많은 종류의 생물이 살고 있다"처럼 물체의 위(쪽)를 가리키는 낱말로만 쓰였다.

법률상·체계상·구조상 등과 같이 '-에 있어서', '-에 관해'의 뜻으로 '-상(上)'이 쓰이는 것은 일본식 표현이다. "연기에 있어서도 성공했다"처럼 '-에 있어서', '-에 관해' 자체도 원래 우리말에서는 대부분 불필요한 일본식 표현이다. "연기에서도 성공했다"가 우리말의 정상적 표현이다.

일본에서 들어온 표현이라 하더라도 충분히 효용가치가 있고 이미 굳어진 것이라 '-상' 자체를 그리 문제 삼을 바는 못 된다. 하지만 "기분상 우울해지기 쉽다", "기분학상으로 괜찮아 보였다"처럼 불필요하거나 부자연스럽게 '-상'을 사용하는 것은 피해야 한다.

다르다고
틀린 것이 아니다

최근의 대통령 탄핵을 둘러싼 찬반 공방은 우리 사회의 대립을 극
명하게 보여 주었다. 서울 한복판의 거리가 촛불 집회와 태극기 집
회로 양분된 모습은 우리 사회의 차이를 여실히 보여 주는 사건이
다. 의견 차이를 용납하지 못하고 "나는 옳고 너는 잘못이다"는 식
의 이분법적 구분이 여실히 드러났다. 인터넷 게시판에선 상대를
인신공격하는 글이 난무하고, 거리는 대규모 찬반 집회로 어수선
하다. 우리 사회에 만연한 대립과 갈등의 골이 더욱 깊어지는 양상
이다.

우리 사회에 만연한 대립과 갈등의 골이 좀처럼 풀릴 기미가 보

이지 않고 있다. 이러한 대립과 갈등은 자신과 다른 것을 너그러이 받아들이지 못하는 문화에서 기인한 것으로 볼 수 있다. 우리의 언어문화를 보면 "너와 나는 생각이 다르다"는 말보다 "너와 나는 생각이 틀리다"는 표현에 익숙해 있다. 남을 인정하는 바탕 위에 건전한 토론과 상호 공존에 길들여져 있다면 '다르다'와 '틀리다'를 이처럼 동일시하지는 않을 것이다.

'다르다'와 '틀리다'는 명확히 구분된다. '다르다'의 반대말이 '같다'이고, '틀리다'의 반대말이 '맞다', '옳다'인 것만 봐도 두 단어의 뜻이 전혀 다르다는 것을 알 수 있다. 영어로 치면 다르다는 'different', 틀리다는 'wrong'에 가깝다. '다르다'는 단순한 차이를 뜻하지만 '틀리다'는 잘못된 것이므로 바로잡거나 억눌러야 한다는 의미를 담고 있다.

'다르다'와 '틀리다'를 구분하지 못하는 것은 '다른 것은 틀린 것'이라는 흑백논리가 우리의 무의식을 지배하고 있기 때문이다. 일제강점기와 군부 독재를 거치면서 획일적 사고와 행동을 요구받고 이와 다른 것에는 사회적 억압과 고통이 가해진 역사와 무관하지 않다고 보는 학자도 있다.

언어와 사회는 밀접한 관계를 갖게 마련이다. 선과 악, 합법과 불법 등 규범적 가치관이 강조되는 사회에선 '틀리다'는 식의 언어 사용 빈도가 높고, 규범적 가치관이 완화되고 분권화된 사회에서는 '다르다'는 식의 언어 사용 빈도가 높다고 한다. '다르다'보다

'틀리다'는 말에 익숙한 우리 사회는 아직 전근대적 가치관에 머물러 있다는 얘기다.

사회 문화가 언어 사용에 영향을 주고, 언어 문화는 우리의 사고를 제약한다. 다양성을 추구하는 열린 사회로 가기 위해서는 '다르다'와 '틀리다'를 동일시하는 언어 습관부터 고쳐야 하며, 다름을 인정하는 풍토를 조성해야 한다. 다른 것을 인정하고 받아들이기보다 나는 옳고 너는 틀렸으니 내 방식대로 바로잡겠다는 생각을 한다면 대립과 갈등의 골은 더욱 깊어질 수밖에 없다. 무엇보다 '틀리다'가 아니라 '다르다'는 용어를 많이 사용해야 한다. "너와 나는 틀리다"가 아니라 "너와 나는 다르다"이다.

저희 나라 선수들이
투지가 대단합니다

한국과 일본이 축구 경기를 할 때 등 TV에서 다른 나라와의 스포츠 경기를 중계방송하는 경우가 많다. 중계방송을 지켜보다 보면 사회자가 우리나라를 '저희 나라'라고 하는 경우가 종종 있다. "저희 나라 선수들이 오늘 투지가 대단합니다"고 하는 식이다. 이렇게 중계방송하면서 우리나라를 '저희 나라'라고 부르는 것을 어떻게 봐야 할까. 한마디로 '저희 나라'라고 부를 이유가 없다.

사회자는 아마도 무언가 겸손한 표현이라 생각돼 이렇게 하는 것으로 보인다. '저희'는 '우리'의 낮춤말이다. "저희가 하겠습니다", "저희 선생님은 참 자상하세요" 등과 같이 말하는 이가 자기보다 높은 사람에게 자기를 포함한 여러 사람을 낮추어 말할 때 쓰인다.

"저희 집에 꼭 한번 들러 주십시오", "저희 회사가 개발한 신제품입니다" 등에서처럼 자기보다 높은 사람에게 어떤 대상이 자기와 친밀한 관계임을 낮추어 나타낼 때도 쓰인다. 동방예의지국인 우리나라에서는 자신과 관계된 것을 표현할 때는 늘 낮추어 겸손하게 얘기한다. 그러다 보니 이러한 표현들이 발달해 있다.

'저희 나라'는 우리나라를 낮추어 말하는 것이다. 그런데 누가 누구에게 우리나라를 낮추어 말하는 것인가? 우리나라 사람이 우리나라 사람에게 우리나라를 낮추어 말하는 것이다. 어떤 사람은 개인이나 국제 관계에서 이렇게 얘기할 수 있는 상황이 있지 않느냐고 가정해 보기도 하지만 이런 경우는 있을 수 없다.

특히 서양에선 높임말과 낮춤말이 없으므로 저희 같은 표현이 있지도 않으며, 그런 관념조차 없다. 영어로 치면 내(my)와 우리(our) 등 동등한 자격의 단어만 있을 뿐이다. 우리말과 일본어에만 상하 관계의 존칭·비칭이 있다.

설사 남의 나라에 우리나라 이야기를 할 때도 국가는 대등한 관계이므로 자기 나라를 낮추어 얘기할 필요가 없다. 한국 문화와 언어를 아는 외국인에게도 굳이 '저희 나라'라고 말할 이유가 없다. '우리나라'라고 해도 하등 예의에 어긋나는 표현이 아니다.

하물며 우리 아나운서가 우리 국민을 대상으로 한 중계방송에서 우리나라를 낮추어 버젓이 '저희 나라'라고 하는 것은 이해하기 어려운 일이다. 그렇게 말하는 사람의 언어적 소양을 의심케 한다. '우리 선수'를 '저희 선수'라 부르는 것도 마찬가지다.

참고로 '우리나라'는 하나의 단어이며 우리 민족이 세운 나라를 스스로 이르는 말이다. '우리나라 선수', '우리나라 사람', '우리나라 풍속', '우리나라 고유 음식' 등과 같이 쓰인다. 가뜩이나 요즘 우리나라는 중국과 일본에 치여 힘을 못 쓰고 있는 형편이다. '저희 나라'라는 말은 이래저래 이맛살을 찌푸리게 하는 표현이다.

'너가 가라, 하와이'는
아무도 못 간다

학교에 강의를 나가면서 학생들과 대화하다 듣게 된 특이한 표현이 하나 있다. '너가'라는 표현이다. 과거에 이런 말을 들어본 적이 없는 것으로 생각되는데 요즘 학생 가운데는 '너가'라는 표현을 쓰는 사람이 적지 않다.

"너가 이거 한번 해볼래?", "너가 이걸 해낼 수 있겠니?" 같은 표현이다. 이처럼 상대와 말을 주고받을 때 '너가'라고 하는 사람이 있는데 이 '너가'는 문제가 없는 표현일까? 결론적으로 얘기하면 바른말이 아니다.

2인칭 대명사인 '너'는 뒤에 주격조사·보격조사인 '가'가 올 때는 '네'가 되는 것이 우리말 어법이다. 즉 "너는 여기 가만히 있어라"처럼 '는'이 붙을 경우에는 '너'가 되지만 "네가 어떻게 이럴 수 있니"처럼 '가'가 붙을 때는 '네'가 된다. 따라서 '너가'는 '네가'의 잘못이다.

흡사 "내가 책임질게"를 "나가 책임질게"라고 하는 것이나 마찬가지다. 일인칭 대명사인 '나' 역시 '가'가 붙을 때는 '내'가 된다. 이 경우 '나가'라고 한다면 대부분 사람이 어색하게 느낀다. "나가 우짜 요로코롬 복이 많다냐"처럼 사투리나 우스갯소리에나 어울리는 말이다.

어쨌거나 '네가'를 '너가'라고 하는 것은 '내가'와 '네가'가 발음으로 구분하기 어렵다는 점도 영향을 미친 것으로 생각된다. 예를 들어 밥을 먹고 "내가 사는 거냐?", "네가 사는 거냐?"라고 말한다면 발음이 비슷해 어느 경우인지 헷갈린다. 이래서 '네가'를 '너가'라고 분명히 알아듣게끔 얘기할 수도 있다. 하지만 이럴 때는 '네가'를 '니가'로 발음하는 것이 일반적이다. 즉 "니가 사는 거냐?"라고 대부분 얘기한다.

이때의 '니가' 역시 '네가'가 바른말이다. 국립국어원 표준국어대사전은 '니'는 '네'의 방언이라고 밝히고 있다. 그럼에도 '내가', '네가'를 발음으로는 구분하기 어렵다는 측면에서 '네가'를 '니가'로 말하는 경향이 있다. 사전은 '니가'를 방언으로 취급하고 있지만 지방뿐 아니라 서울에서도 '니가'라는 말은 두루 쓰인다. 사전과 현실의 차이라고도 볼 수 있다.

'너가'는 잘못된 표현이므로 '네가'라고 해야 한다는 지적만으론 문제가 해결되지 않는다. 현실적으로 '네가'라고 발음하는 사람이 별로 없기 때문이다. '내가'와 '네가'의 구분을 분명하게 하기 위해 '네가'를 '니가'라고 발음하고 적을 때는 '네가'라고 하는 것이 현실적인 대안이다. 적을 때야 '네가'로 할 수 있지만 말할 때는 '내가'와 구분할 방법이 없는데도 '니가'를 '네가'로 해야 한다고 하는 것은 현실성 없는 형식논리요, 하나마나한 탁상공론이다. 우리가 단호히 배격해야 하는 것이 이처럼 현실과 동떨어지고 실제와 괴리된 경직된 사고다.

"저가 한번 해 보겠습니다"처럼 '제가'를 '저가'라고 하는 사람도 있다. 이 역시 바른말이 아니다. 이 경우 '제가'가 다른 말과 헷갈릴 요소가 있는 것도 아니므로 '저가'라고 할 이유가 없다. '너가'는 바른말이 아니므로 적을 때는 '네가'로 적고 말할 때는 '니가'로 하는 것이 바람직하다.

진검승부는
하나가 죽어야 끝난다

스포츠에서 물러설 수 없는 한판 대결을 벌일 때 '진검승부'란 말을 많이 쓴다. 정치권에서도 누가 누가 진검승부를 벌인다는 식으로 이 단어가 자주 사용된다. 그간은 중요성이 없거나 필요성이 없어 제대로 붙어 보지 못했지만 이번에는 정말 제대로 한판 붙어 보자는 의미로 쓰인다.

하지만 사전을 찾아보면 이 말은 아예 나오지도 않는다. 왜 일까? 일본에서 건너온 특이한 말로, 쓰인 지가 그리 오래되지도 않기 때문이다. 진검승부(眞劍勝負)란 글자 그대로 풀이하면 '진짜 칼로 하는 승부'다. 나무나 대나무로 만든 연습용 칼이 아니라 진짜 칼로 겨뤄 둘 중 하나가 죽는 대결을 말한다. 이번에야말로 제대로 붙어 둘 중 하나가 죽어야 한다는 의미를 내포하고 있다.

진검승부는 일본말로는 신켄쇼부(しんけんしょうぶ)로, 의리에 죽고 사는 일본의 무사 정신을 대변하는 것으로 생각하기 쉽다. 그러나 사실은 제대로 된 사무라이(일본의 무사) 문화도 아니고 무사 신분을 잃은 낭인배나 조직 폭력단인 야쿠자 두목들이나 하는 짓이다. 피를 보거나 하나가 죽어야 끝난다. 사무라이 사회에서는 있을 수 없는 일로, 질 낮은 자들의 칼부림에 지나지 않는다.

이러한 내용에 관계없이 무슨 멋있는 말인 양 우리가 가져다 즐겨 쓰고 있지만 속을 들여다보면 씁쓸한 용어다. 진검승부는 조어 자체만 따져도 그 뜻이 '진짜 칼로 하는 이기고 짐'이어서 의미가 잘 통하지 않는다. 진짜 칼은 가짜 칼에 대비되는 말로 굳이 진짜 칼이라 강조할 필요가 없다. 또 진짜 칼로 하는 승부(이기고 짐)보다 진짜 칼로 맞붙는다는 의미에서 '진검대결'이란 단어가 차라리 낫다.

이미 즐겨 쓰는 단어인데 뭐 그렇게까지 따질 필요가 있느냐는 사람도 있다. 물론 일본에서 온 용어라고 무조건 배척하는 것은 속 좁은 얘기일 수 있다. 새로운 개념을 담는 용어라든가, 우리가 써 오던 말로는 표현하기 어려운 경우에는 일본식 한자어라도 그대로 쓸 수밖에 없다. 그러나 더욱 적절하게 표현할 수 있는 우리말이 있는데도 별반 어울리지 않는 일본말을 쓸 필요는 없다.

국립국어원은 일본어투 용어 순화자료집에서 '진검승부'는 일본어투이므로 '생사 겨루기'로 고쳐 쓰라고 제시하고 있다. 하지만 '생사 겨루기'는 단어 자체의 단순 번역에만 집착한 것이어서 다양한 사례에 사용하기 어렵다. "이번에 진검승부를 벌이자"를 "이번에 생사 겨루기를 벌이자"고 해야 하는데 너무나 어설프다. '진짜승부' 또는 '진짜대결'이라고 하는 것이 좋을 듯싶다. "이번에 진짜승부를 (진짜대결을) 벌이자"처럼 '진짜승부'나 '진짜대결'이라고 하면 어느 경우든 쓰일 수 있다.

뇌졸증은
아무도 걸리지 않는다

초겨울이나 초봄처럼 일교차가 큰 환절기에 자주 발생하는 병 가운데 하나가 뇌졸중이다. 뇌에 혈액이 제대로 공급되지 않아 손발 마비·언어장애·호흡곤란 등을 일으키는 증상이다. 뇌동맥이 막히거나 갑자기 터져 출혈한 혈액이 굳어지면서 혈관을 막고 주위 신경을 압박해 이러한 신경 증상을 일으킨다고 한다.

뇌졸중의 발생 빈도가 높다 보니 신문이나 인터넷 등에서 이 용어가 심심치 않게 등장한다. 그런데 뇌졸중이 아니라 '뇌졸증'이라 돼 있는 곳이 있다. 심지어 전문가의 의학 칼럼이나 병원 홈페이지에도 '뇌졸증'이라 나와 있는 곳이 있다. 어느 것이 맞는 말일까?

건망증·우울증·골다공증 등 증상이나 병을 나타내는 단어에 대부분 '증(症)'이 붙다 보니 자연스럽게 뇌졸증이라 부르는 것으로 생각된다. 하지만 뇌졸중은 다르다. 뇌졸중(腦卒中)의 졸중(卒中)은 졸중풍(卒中風)의 줄임말이다. 졸(卒)은 '갑자기'라는 뜻이 있다. 졸도(卒倒)가 그런 예다. 중(中)은 '맞다'는 의미가 있다. 적중(的中) 등에서 그렇게 쓰인다. 풍(風)은 풍사(風邪, 바람이 병의 원인으로 작용한 것)로 인해 생긴 풍증을 얘기한다. 따라서 뇌졸중은 뇌에 갑자기 풍을 맞았다는 말이 된다. 뇌졸중과 뇌중풍은 같은 뜻으로 사용된다.

뇌졸중은 현대의학에서 뇌출혈·뇌경색·뇌혈전 등 뇌혈관 질환을 통틀어 이르는 말이다. 허혈성 뇌졸중·출혈성 뇌졸중·일과성 허혈발작 세 가지로 구분한다고 한다. 어떤 원인으로 뇌혈류가 줄어들거나 중단되면 궁극적으로는 뇌조직이 죽는 뇌경색 상태가 된다. 이러한 뇌조직의 괴사를 허혈성 뇌졸중이라 부른다.

출혈성 뇌졸중이란 뇌에 혈액을 공급하는 뇌혈관이 어떤 원인으로 파열돼 출혈을 일으키면서 발생하는 뇌졸중이다. 뇌혈관이 출혈을 일으키면 해당 부위의 혈액공급이 차단돼 뇌신경이 손상될 뿐 아니라 혈액이 뇌 속에 고이면서 뇌조직을 압박하거나 손상된 뇌혈관이 수축을 일으키면서 추가적인 뇌손상이 유발된다고 한다. '뇌졸증'은 없다. '뇌졸중'과 '뇌졸증'이 헷갈릴 때는 중풍을 생각하면 된다.

옥석은 누구도
구분할 수 없다

선거에서 사람을 잘 뽑는 것이 얼마나 중요한지를 우리 국민들은 뼈저리게 느꼈다. 대통령이나 국회의원, 지방자치 의원 등 국민을 대표하는 사람들을 잘못 뽑는 경우 어떠한 문제가 발생하는지 여실히 경험했다. 이들이 국민을 위해 봉사하기는커녕 국가를 위기로 몰아넣고 국민을 힘들고 짜증나게 하기 일쑤다.

　선거에서 사람을 잘 뽑아야 한다고 얘기하는 경우 "옥석구분을 잘 해야 한다"는 표현을 많이 쓴다. 옥과 돌이 섞여 있으니 그 가운데서 옥을 잘 골라내야 한다는 의미로 쓰인다. 즉 누가 좋은 사람인지, 누가 나쁜 사람인지 잘 선택해야 한다는 것이다. 그러나 이 말은 문제가 있는 표현이다. 옥석구분(玉石俱焚)은 옥(玉)과 돌(石)이 함께(俱) 탄다(焚)는 뜻으로, 옳은 사람이나 그른 사람 구별 없이 모두 재앙을 받음을 일컫는 말이다.

옥석구분은 중국 《서경(書經)》의 〈하서(夏書) 윤정(胤征)〉편에 나온다. 윤후가 하나라 임금의 명에 따라 희화(羲和)를 치러 나갈 때 한 선언으로 "곤강(산 이름)에 불이 붙으면 옥과 돌이 함께 탄다[火炎崑岡, 玉石俱焚]. 임금이 덕을 잃으면 그 피해는 사나운 불길보다 심하다. 우두머리는 처벌하되 협박에 못 이겨 복종한 사람은 벌하지 않을 것이다. 마음을 새롭게 해 착함으로 돌아가라"는 내용 중 일부다.

따라서 '옥석구분'은 좋은 것, 필요한 것까지 모두 잃어버리게 되는 경우를 의미한다. "후보자의 옥석을 구분해야 한다", "상승종목도 옥석구분이 어렵다", "불건전 게임이 많으므로 옥석을 구분해야 한다", "영화 감상자는 나름대로 옥석을 구분해 영화를 선택한다" 등은 원래의 옥석구분과 동떨어진 표현이며, 언론 매체에서도 그대로 쓰고 있다.

본디 뜻에 맞게 쓰려면 "옥석구분이 안 되도록 해야 한다" 등으로 표현해야 하지만 사실 이렇게 쓰는 사람이 많지 않다. 고사성어와 관계없이 '옥과 돌을 구분(區分)한다'는 뜻으로 사용해도 된다고 우기면 할 말이 없다. 그러나 옥석구분의 의미를 제대로 안다면 이처럼 쓰지 않을 것이다.

방법은 "옥석구분을 해야 한다", "옥석을 구분해야 한다" 대신 그냥 "잘 골아야 한다"고 쉽게 표현하면 된다. "옥석을 골라야 한다"
나 "옥석을 가려야 한다"도 '옥석구분'에서 '구분'이 빠짐으로써 다
소 의미를 비켜 가므로 "옥석을 구분해야 한다"보다는 낫다. 어쨌
거나 '옥석구분'은 옥과 돌이 함께 탄다는 뜻이라는 것을 기억해
두면 올바로 사용하는 데 도움이 된다.

'서해'라 부르는 것은
주체성의 문제다

《삼국유사(三國遺事)》에는 여러 가지 설화가 나오는데, 그중에 거타지 설화가 있다. 거타지는 신라 진성여왕 때의 인물로 사신들과 함께 당나라로 가는 도중 풍랑을 만나 10여 일 동안 곡도(鵠島, 지금의 백령도)에 발이 묶인다. 점을 친 결과 활을 잘 쏘는 사람 하나만 남기고 떠나면 된다고 해 거타지만 남고 다른 일행은 다시 당나라로 향한다. 혼자 남은 거타지는 한 노인(용왕)에게 도움을 주고 보답을 받아 무사히 당나라로 가게 되고 성공리에 임무를 완수하며 용왕의 딸까지 얻게 된다는 설화다.

거타지 앞에 나타난 노인은 자신을 서해약(西海若), 즉 서해의 신이라고 소개한다. 《고려사(高麗史)》의 〈고려세계(高麗世系)〉 부분에는 고려 태조의 조상인 작제건과 관련한 이야기가 나오는데 거타지 설화와 거의 비슷하다고 한다. 주인공인 작제건이 풍랑을 만나 섬에 머물다 서해 용왕에게 도움을 주고 그 보답으로 용왕의 딸과 혼인해 함께 살았다는 이야기다. 이들 설화에서 눈여겨볼 것 중 하나는 서해약과 서해 용왕이라는 언급이다. 우리 조상은 1,000년 전부터 '서해'라는 말을 사용해 왔다는 사실이다.

우리가 오랫동안 우리나라(한반도)의 서쪽에 있는 바다를 '서해'라고 한 것에 비해 중국은 이를 '황해'라고 불렀다. 서해는 중국에서 보면 북쪽으로는 랴오둥(遼東) 반도와 산둥(山東) 반도 사이에서 보하이(渤海)로 이어진다. 수심이 낮은 데다 보하이로 흘러들어 가는 황허(黃河) 강이 육지로부터 혼탁한 물질을 운반하기 때문에 바닷물이 항상 누렇게 흐려져 있어 중국 사람들은 황해라는 이름을 붙였다고 한다. 물론 이에 대해 다른 견해도 있다. '황해'라 부르게 된 이유가 분명하지 않고 중국과 관계없이 국제적으로 오래도록 사용돼 온 용어라는 것이다.

그렇다 하더라도 우리가 '황해'를 '서해'로 불러야 하는 이유는 분명하다. 삼면이 바다로 둘러싸인 우리는 오랫동안 각각의 바다를 동해·남해·서해라고 불러왔다. 이들 이름에는 우리의 주체성과 정체성이 배어 있다. 서해의 경우 근래 들어 중국과 교역이 늘어나고 왕래가 잦아지면서 '서해안 시대'라는 말이 생겨나는 등 중요성이 커지고 있다. 2000년에는 서해권을 관통하는 서해안 고속도로가 개통됐으며, 총길이 7.3km의 웅장하고도 아름다운 서해 대교도 건설됐다. 여기에는 서해안 시대, 서해권, 서해안 고속도로, 서해 대교 등 모두 우리식 이름인 서해라는 용어가 사용됐다.

물론 국제적으로는 황해(Yellow Sea)란 말이 통용되고 있다. 그러나 우리가 이 바다를 부를 때는 '서해'라고 하는 것이 바람직하다. 동해와 관련해서는 '이스트 시(East Sea)'냐 '시 오브 재팬(Sea of Japan)'이냐를 놓고 국제 무대에서 일본과 힘겨루기를 하고 있다. 일본처럼 집요하게 자국식으로 바다 명칭을 바꾸려는 노력은 하지 못할망정 스스로 우리식 이름을 버릴 이유는 없다.

우리가 '서해안 시대'를 '황해안 시대'라 하지 않고 '서해안 고속도로'를 '황해안 고속도로', '서해 대교'를 '황해 대교'라 이름 붙이지 않은 것은 이러한 이유 때문일 것이다. 서해안 시대를 이끌어 가기 위해 '황해경제자유구역'이 생겼고 이것을 관리하는 곳은 '황해경제자유구역청'이다. 이 역시 '서해경제자유구역', '서해경제자유구역청'이라고 해도 아무 문제가 없는 것을 군이 '황해'란 말을 사용한 이유를 알기 어렵다. 어쩔 수 없이 국제적 명칭인 '황해'를 사용해야 하는 경우가 아니고 우리끼리 지칭하는 것이라면 '서해'라고 하는 것이 바람직하다. 앞으로 이러한 이름을 붙일 때는 '서해'라고 해야 한다. 이는 국제적 명칭의 문제가 아니라 주체적 존재의 문제다.

스프링쿨러는
물을 뿌릴 수 없다

얼마 전 경기도의 한 고층 아파트 상가에서 화재가 발생해 적지 않은 인명피해가 났다. 피해가 컸던 이유는 공사 중이던 상가 내부에 있던 스티로폼 등 가연성 단열재가 타면서 유독 연기가 발생한 때문이기도 하지만 화재 초기에 불을 끄는 핵심 설비인 스프링클러도 작동하지 않았다고 한다. 얼마 전 대구 서문시장에서도 큰 화재가 발생했는데 이곳에는 아예 스프링클러가 설치돼 있지도 않았다고 한다. 화재 발생으로 피해가 커질 때마다 등장하는 용어가 스프링클러다.

스프링클러(sprinkler)는 화재를 대비하는 핵심 설비 가운데 하나다. 건물 천장에 설치된 이 장치는 실내 온도가 70도 이상 되면 자동으로 물을 뿌려 주기 때문에 화재를 초기에 진압할 수 있는 장비다. 이것이 있다면 초기에 화재를 진압할 수도 있고 또 초기에 화재가 크게 번지는 것을 막아 소방차가 와서 불을 끄는 데 도움이 될 수도 있다는 것이다.

스프링클러는 작물이나 잔디에 물을 주는 데도 요긴하게 사용된다. 이 장치를 이용해 한여름 타들어 가는 농작물이나 잔디에 물을 뿌려 주는 모습은 생각만 해도 시원하다. 잔디밭이나 채소밭 등 넓은 농지에는 이 시설이 꼭 필요하다. 그렇지 않으면 일일이 사람 손으로 물을 줘야 하므로 보통 일이 아니다. 가압 펌프에 의해 송수된 물은 특수한 스프링이 붙은 스프링클러 헤드에 있는 노즐에 의해 분사된다.

그런데 물을 뿌리는 장치이다 보니 '시원하다'는 뜻의 영어 쿨(cool)이 연상돼 그런지 '스프링쿨러'라고 부르는 사람이 의외로 많다. 언론 매체에서조차 '스프링쿨러'라고 잘못 표기하는 경우가 있다.

'스프링클러'를 쉬운 말로 바꿔 쓰면 좋겠지만 아직까지 대체어가 널리 사용되지는 못하고 있다. 국립국어원은 우리말 순화 용어로 '살수기(撒水器)'나 '물뿌리개'를 선정하고 사전에 올려놓았으나 이 용어를 쓰는 경우는 그리 많지 않다. 살수기는 조금 어렵게 느껴지고 물뿌리개는 여러 가지 용도의 다른 형태가 있어 대체어로 마뜩하지 않은 탓이다.

우리말로 대체할 수 있는 외래어는 당연히 바꿔 써야겠지만 어쩔 수 없이 그냥 사용하는 경우엔 정확하게 표기해야 한다. '스프링쿨러'가 아니라 '스프링클러'가 맞는 말이다

미국에는 솔로가
한 명도 없다던데

보건복지부에 따르면 미혼자 비율(25~39세)은 2001년 22%에서 2005년 38%, 2010년에는 41%로 크게 높아졌다고 한다. 최근에는 이 숫자가 더욱 늘었을 것으로 추정된다. 이처럼 결혼하지 않고 혼자 사는 사람을 흔히 '솔로'라 부른다. "솔로 탈출하기", "솔로 카페", "솔로를 사랑하는 모임" 등은 모두 미혼자와 관계된 것들이다.

TV 코미디 프로그램에도 〈솔로 천국 커플 지옥〉이란 것이 있었다. 〈모태 솔로〉도 있다. '모태 솔로'란 태어나서 지금까지 한 번도 이성 교제를 하지 않은 사람을 일컫는 말이다. 티끌 하나 묻지 않고 굳건히 솔로의 길을 걸어온 사람이란 뜻이다.

그러나 미국에는 솔로가 없다. 이는 한국에서만 사용하는 영어, 즉 콩글리시다. 원래 영어에서 솔로(solo)는 독창(獨唱)이나 독주(獨奏)를 의미하는 말이다. 단독 공연을 솔로 퍼포먼스(a solo performance), 단독 앨범을 솔로 앨범(a solo album), 트럼펫 독주를 트럼펫 솔로(a trumpet solo)라고 한다. 홀로 비행기를 조종하는 경우에도 쓰인다. 단독 비행을 솔로 플라이트(a solo flight)라고 한다.

모태 솔로처럼 한 번도 이성 교제를 해 보지 않았거나 이성 친구를 사귀다 헤어진 사람, 또는 결혼을 했다 이혼했거나 아직 결혼하지 않은 사람을 가리키는 말이라면 솔로가 아니라 싱글(single)이라고 해야 한다. '솔로 천국'은 '싱글 천국', '모태 솔로'는 '모태 싱글'이 맞는 말이다. '돌아온 솔로'나 '돌솔'도 '돌아온 싱글'이나 '돌싱'이라고 해야 한다. 물론 이것들도 억지 합성어이므로 정상적인 표현은 아니다. 어쨌든 미혼이나 독신을 뜻하는 말은 '솔로'가 아니라 '싱글'이 맞는 말이다.

올드미스·골드미스는
어디에 있나

결혼 적령기를 지난 미혼 여성, 즉 노처녀를 일반적으로 올드미스
(old miss)라고 부른다. 영어 '나이 들은, 연로한'을 뜻하는 올드(old)와
미혼녀를 뜻하는 미스(miss)의 합성어다. 과거 〈올드미스 다이어리〉
라는 TV 드라마와 영화가 인기를 끌기도 했다. 그렇지만 올드미스
는 영어권에선 쓰지 않는 한국식 영어다. 영어권에서는 노처녀 또
는 독신녀를 스핀스터(spinster) 혹은 올드메이드(old maid)라 부른다.

최근에는 남녀평등 인식이 확산되고 결혼 연령도 늦어지는 추
세여서 '올드미스'라는 말을 그다지 사용하지 않는다. '골드미스
(gold miss)'라는 말이 새로이 등장했다. 사회에 진출해 어느 정도 성

공을 거둔 30~40대 미혼 여성을 가리킨다.

여기에서 '골드'는 경제력을 지칭하는 것으로 풀이된다. 이들은 자신의 내적·외적인 면에 적극 투자하는 등 새로운 트렌드와 소비를 이끄는 주도층이 됐다. 마케팅 측면에서도 이들이 새로운 조명을 받고 있다.

요즘은 실버미스(silver miss)라는 단어도 생겨났다. 골드미스의 화려함에는 미치지 못하는 직장여성을 일컫는 말이다. 골드미스가 고학력에 높은 경제력을 가지고 자신에게 많은 투자를 하는 데 비해 실버미스는 그리 높지 않은 학력에 많은 연봉을 받지는 못하지만 패션이나 문화, 미용 등에 관심을 보이면서 나름대로 자신을 위해 소비하는 행태를 보이는 여성을 가리킨다. 골드미스는 8,000만원, 실버미스는 3,000만원 내외의 연봉을 받는 직장여성으로 구분하는 사람도 있다.

비혼 여성이 늘어나면서 특성에 따라 이들을 더욱 세밀하게 구분하는 용어가 새로이 생겨난 것이다. 어찌 보면 그럴듯한 말이기도 하다. 하지만 올드미스·골드미스·실버미스는 영어를 적당히 조합한 형태로 영어권에는 없는 표현이다.

외래어는 가급적 사용하지 않는 것이 바람직하다. 한국식 영어라면 더욱 그렇다. 이들을 단순히 우리식으로 '노처녀'라 부르기가 뭣하다면 우리말로 각각의 특성에 어울리는 새로운 표현을 만들어 보는 것도 괜찮겠다.

참고문헌

국립국어원, 〈이런 말에 그런 뜻이?〉, 국립국어원, 2010.

김남미, 《100명 중 98명이 틀리는 한글 맞춤법》 1~3권, 나무의철학, 2013.

데이비드 크리스털 지음, 박선우·이주희 옮김, 《문자메시지는 언어의 재앙일까? 진화일까?》, 알마, 2011.

박영수, 《우리말 뉘앙스 사전》, 북로드, 2007.

배상복, 《글쓰기 정석》, MBC씨앤아이, 2015.

――, 《문장기술》, MBC씨앤아이, 2015.

――, 《한국인도 모르는 한국어》, 21세기북스, 2012.

오경순, 《번역투의 유혹》, 이학사, 2010

이동우, 《5%의 기적》, 생각의나무, 2010.

이수열, 《이수열 선생님의 우리말 바로 쓰기》, 현암사, 2014.

이오덕, 《우리 글 바로 쓰기》 1~5권, 한길사, 2009.

이윤옥, 《오염된 국어사전》, 인물과사상사, 2013.

이재운·구미라·이인옥, 《뜻도 모르고 자주 쓰는 우리말 숙어 1000가지》, 예담, 2008.

이재운·박숙희, 《뜻도 모르고 자주 쓰는 우리말 1000가지》, 예담, 2008.

이재운·박숙희·유동숙, 《뜻도 모르고 자주 쓰는 우리말 어원 500가지》, 예담, 2008.

이재운·조규천,《뜻도 모르고 자주 쓰는 우리말 한자어 1000가지》, 예담, 2008.

조항범,《말이 인격이다》, 예담, 2009.

중앙일보 어문연구소,《우리말 바루기》, 하다, 2014.

──,《한국어가 있다》1~4권, 커뮤니케이션북스, 2006.

컬린 터너, 이용일 옮김,《자신이 바라는 존재가 돼라》, 현대미디어, 2000.

財津正人,《本のある生活》, コスモの本, 2011.

당신의 품격을 좌우하는 단어 활용 기술
단어가 인격이다

초판 1쇄 인쇄 2017년 3월 24일   초판 1쇄 발행 2017년 3월 31일

지은이 배상복
펴낸이 연준혁

출판 1본부 이사 김은주
출판 4분사 분사장 김남철
편집 이지은 디자인 조은덕

펴낸곳 (주)위즈덤하우스 출판등록 2000년 5월 23일 제13-1071호
주소 (410-380) 경기도 고양시 일산동구 정발산로 43-20 센트럴프라자 6층
전화 (031)936-4000 팩스 (031)903-3895 홈페이지 www.wisdomhouse.co.kr

값 14,000원 ISBN 978-89-6086-336-1 03710

국립중앙도서관 출판시도서목록(CIP)

단어가 인격이다 : 당신의 품격을 좌우하는 단어 활용 기술
/ 지은이: 배상복. -- 고양 : 위즈덤하우스, 2017
    p. ;   cm

참고문헌 수록
ISBN 978-89-6086-336-1 03710 : ₩14000

한국어 어휘[韓國語語彙]
단어 사용[單語使用]

714-KDC6
495.78-DDC23   CIP2017006588